국제PEN한국본부
창립70주년기념 시인선
01

한국 고시조 70선

신웅순 주해

International PEN-Korea Center **pen**

국제 PEN 헌장

국제PEN은 국제PEN대회 결의에 따라 다음과 같이 헌장을 선포한다.

1. 문학은 각 민족과 국가 단위로 이루어지나, 그 자체는 국경을 초월하여 그 어떤 상황 변화 속에서도 국가 간의 상호 교류를 유지해야 한다.

2. 예술 작품은 인간의 보편성에 바탕을 두고 길이 전승되는 재산이므로 국가적 또는 정치적 권력으로부터 간섭을 받아서는 안 된다.

3. 국제PEN은 인류 공영을 위해 최대한의 영향력을 발휘해야 하며 종족, 계급 그리고 민족 간의 갈등을 타파하는 동시에 전 세계 인류가 평화롭게 살아갈 수 있다는 이상을 실현하기 위하여 최선을 다해야 한다.

4. 국제PEN은 한 국가 안에서나 또는 세계 여러 나라에서 사상의 교류가 상호 방해 받지 않는다는 원칙을 준수하며, PEN 회원들은 각자 국가나 지역사회에서 어떤 형태로든 표현의 자유를 억압하는 데 반대할 것을 선언한다. 또한, PEN은 출판 및 언론의 자유를 주창하며 평화시의 부당한 검열을 거부한다. 아울러 PEN은 정치와 경제의 올바른 질서를 지향하기 위해 정부, 행정기관, 제도권에 대한 자유로운 비판이 필수적이고 긴요하다는 사실을 확신한다. 이와 함께 PEN 회원들은 출판 및 언론 자유의 오용을 배격하며, 특정 정치 세력이나 개인의 부당한 목적을 위해 사실을 왜곡하는 언론 자유의 해악을 경계한다.

이러한 목적에 동의하는 모든 자격 있는 작가들, 편집자들, 번역가들은 그들의 국적, 언어, 종족, 피부 색깔 또는 종교에 관계없이 어느 누구라도 PEN 회원이 될 수 있다.

(사)국제 PEN 한국본부 연혁

　국제PEN본부는 1921년에 창립되어 2023년 3월까지 145개국 154개 센터가 회원으로 가입돼 있는 세계적인 문학단체이다. 국제PEN본부는 영국 런던에 본부를 두고 있으며 특히 UN 인권위원회와 유네스코 자문기구로 현재 전 세계 문인, 번역가, 편집인, 언론인들의 표현의 자유를 옹호하고 인권 문제를 다루고 있는 단체이다.

　한국PEN은 1954년 9월 15일 변영로·주요섭·모윤숙·이헌구·김광섭·이무영·백철 선생 등이 발기하여 같은 해 10월 23일 당시 서울 소공동 소재 서울대학교 치과대학 강당에서 창립총회를 열고 국제펜클럽한국본부로 공식 출범하였다. 국제펜클럽한국본부는 그 이듬해인 1955년 6월 비엔나에서 열린 제27차 세계대회에서 정식회원국으로 가입하고 그해 7월에 인준을 받아 오늘에 이르렀으며 2024년 2월 현재 회원 수는 4,000여 명이다.

　(사)국제PEN한국본부(International PEN Korea Center)는 역사와 권위를 자랑하는 국제적 문학단체로서 회원들의 양심과 소신에 따른 저항권과 표현의 자유를 옹호하고 구속작가들의 인권문제를 다루며 한국의 우수 문학작품을 번역,

세계 각국에 널리 알리고 우리 민족의 고유문화와 전통문화 등을 해외에 소개하는 한편 세계 각국과 문화 교류 및 친선을 도모하는 데 주도적 역할을 담당하고 있다.

1954. 10. 23.	국제펜클럽한국본부 창립
1955.	제27차 국제PEN비엔나대회에서 회원국 가입
	『The Korean PEN』영문판 및 불어판 창간
1958.	국내 최초 번역문학상 제정
1964.	PEN 아시아 작가기금 지급(1970년 제6차까지)
1970.	제37차 국제PEN서울대회 개최(60개국 참가)
1975.	『PEN뉴스』창간. 이후『PEN문학』으로 제호 변경
1978.	한국PEN문학상 제정
1988.	제52차 국제PEN서울대회 개최
1994.	제1회 국제문학심포지엄 개최
1996.	영문계간지『KOREAN LITERATURE TODAY』창간
2001.	전국 각 시도 및 미주 등에 지역위원회 설치
2012. 9.	제78차 국제PEN경주대회 개최
2015. 9.	제1회 세계한글작가대회 개최
2016. 9.	제2회 세계한글작가대회 개최
2017. 9.	제3회 세계한글작가대회 개최
2018. 11. 6~9.	제4회 세계한글작가대회 개최
2018. 8. 22.	정관개정에 의해 국제PEN한국본부로 개명
2019. 2.	PEN번역원 창립
2019. 11. 12~15.	제5회 세계한글작가대회 개최
2020. 10. 20~22.	제6회 세계한글작가대회 개최
2021. 11. 2.~4.	제7회 세계한글작가대회 개최
2022. 11. 1.~4.	제8회 세계한글작가대회 개최
2023. 11. 14.~17.	제9회 세계한글작가대회 개최

국제 PEN 한국본부 창립 70주년
기념 선집을 발간하며

　국제PEN한국본부는 1954년에 창립되고 이듬해인 1955년 6월 오스트리아의 빈에서 열린 제27차 국제PEN세계대회에서 회원국으로 가입되었다. 초대 이사장은 변영로 선생이 맡고 창립을 주선했던 모윤숙 시인이 부이사장을 맡았다. 이하윤, 김광섭, 피천득, 이헌구 등과 함께 창립의 중심 역할을 했던 주요섭이 사무국장을 맡았다.

　6·25한국전쟁이 휴전된 지 겨우 1년이 되는 시점에 이루어 낸 국제PEN한국본부의 창립은 매우 깊은 의미를 담는 거사였다. 그동안 국제PEN한국본부는 세 차례의 국제PEN대회와 9회의 세계한글작가대회를 개최하며 수많은 국내외 행사를 주최해 왔다. 이에 올해 2024년에는 창립 70주년을 맞이하게 되어 그 기념사업의 일환으로 PEN 회원들의 작품 선집을 발간하기로 하였다.

　여러 가지 기념사업을 진행하지만 회원들의 주옥같은 작품집을 선집으로 집대성하여 남기는 일은 가장 중요하고 의미 있는 일이라 생각한다.

    시와 산문으로 구성되는 선집은 우리 한국문학사의 중요한 족적을 남기는 귀중한 역사 자료로서의 가치를 갖게 되리라고 믿으며 겸허한 마음으로 70주년을 자축하는 주요 사업으로 진행하게 된다.

    참여해 주신 회원들께 감사하며 어려운 여건 속에서도 기꺼이 출판을 맡아 준 기획출판 오름의 김태웅 대표와 도서출판 교음사의 강병욱 대표에게 심심한 감사를 드린다.

2024년 5월

국제PEN한국본부 이사장 김용재

머리말

한국 고시조 70선을 펴내며

신라의 향가도 사라졌고 고려 가요, 조선 가사도 사라졌다. 시조만이 유일하게 남아 지금까지 이어져 내려오고 있다. 시조는 향가에서 비롯, 어언 천여년간을 이어져 온 우리만의 고유 문화 유산이다.

본 『한국 고시조 70선』은 국제PEN한국본부에서 70주년 기념 일환으로 시리즈로 펴내는 첫 번째 문학 선집이다.

고시조는 5,500여 수나 된다. 그중에 70수의 시조선은 작은 시조집이다. 우리 문화를 알릴만한 시조들로 선정했다. 많은 이들에게 알려져 있거나 한 시대를 풍미했던 작품들이다.

구성은 원문과 주석, 작가 소개, 현대어 풀이, 시조 창작 배경 순으로 실었다.

원문은 원본 표기 형태를 그대로 따랐으며 주석은 '고어 : 풀이', '한글(한자)' 형태로 제시했다. 현대어 풀이는 고시조의 정취를 최대한 슬리도록 했다. 그리고 시조 창작의 시대적, 정치적, 사회적 배경을 실어 시조 이해에 도움이 되도록 했다.

본서는 국내 외 교양서이다. 시조는 우리 문화의 보고이다. 국내 외 많은 이들이 읽어 우리 문화를 알리는 데 작은 도움이라도 되었으면 좋겠다.

우리 문화에 깊은 관심을 가져 주신 국제PEN한국본부 김용재 이사장님께 감사의 말씀을 올린다.

강호제현의 질책을 바란다.

2024년 5월
둔산 여여재에서
석야 신웅순

차례

국제PEN헌장
(사)국제PEN한국본부 연혁
국제PEN한국본부 창립 70주년 기념 선집 발간사

008 _ 머리말 / 한국 고시조 70선을 펴내며

1부 _ 고려말

018 _ 우탁「춘산에 눈 녹인 바람…」
020 _ 이조년「이화에 월백하고…」
022 _ 최영「녹이상제 살찌게 먹여…」
024 _ 이색「백설이 잦아진 골에…」
026 _ 원천석「흥망이 유수하니…」
028 _ 정몽주「이 몸이 죽어 죽어…」
030 _ 이존오「구름이 무심탄 말이…」
032 _ 길재「오백년 도읍지를…」

2부 _ 조선전기

036 _ 정도전「선인교 내린 물이…」
038 _ 맹사성「강호에 봄이 드니…」
042 _ 황희「대초볼 붉은 골에…」
044 _ 김종서「삭풍은 나무 끝에 불고…」
046 _ 박팽년「까마귀 눈비 맞아…」
049 _ 성삼문「이 몸이 죽어가서…」
052 _ 왕방연「천만리 머나먼 길에…」
055 _ 남이「장검을 빠혀들고…」
057 _ 성종「이시렴 부디 갈따…」
060 _ 김구「나온댜 금일이야…」
063 _ 서경덕「마음이 어린 후이니…」
066 _ 송순「꽃이 진다하고…」
069 _ 이황「청산은 어찌하여…」
072 _ 김인후「엊그제 벤 솔이…」
074 _ 양사언「태산이 높다하되…」
076 _ 정철「재너머 성권농 집에…」
079 _ 한호「짚방석 내지마라…」

3부 _ 조선중기

082 _ 이순신 「한산섬 달 밝은 밤에…」
086 _ 김장생 「십년을 경영하여…」
088 _ 박인로 「반중 조홍감이…」
091 _ 신흠 「냇가에 해오라바…」
093 _ 김덕령 「춘산에 불이 나니…」
096 _ 이항복 「철령 높은 봉에…」
099 _ 홍서봉 「이별하던 날에…」
101 _ 김응하 「십년 갈은 칼이…」
104 _ 김육 「자네 집에 술 익거든…」
106 _ 홍익한 「수양산 내린 물이…」
109 _ 윤선도 「내 벗이 몇이나 하니」
113 _ 임경업 「발산역 기개새는…」
116 _ 이완 「군산을 삭평턴들…」
118 _ 송시열 「님이 혜오시매」
121 _ 효종 「청석령 지나거냐…」
123 _ 박태보 「흉중에 불이 나니…」

4부 _ 조선후기

126 _ 김성기 「홍진을 다 떨치고…」
129 _ 김천택 「잘 가노라 닫지 말며…」
131 _ 이정보 「국화야 너는 어이…」
134 _ 김수장 「초암이 적막한데…」
136 _ 박효관 「님 그린 상사몽이…」
138 _ 안민영 「어리고 성긴 매화…」
141 _ 송계연월옹 「소시의 다기하여…」

5부 _ 기녀시조

146 _ 홍장 「한송정 달 밝은 밤에…」
149 _ 소춘풍 「당우를 어제 본 듯…」
153 _ 황진이 「청산리 벽계수야…」
157 _ 홍랑 「묏버들 가려 꺾어…」
161 _ 한우 「어이 얼어자리…」
164 _ 진옥 「철이 철이라커늘…」
167 _ 매창 「이화우 흩뿌릴 제…」
170 _ 금춘 「아녀자의 짐짓 농담…」
174 _ 송이 「솔이 솔이라하니…」
179 _ 소백주 「상공을 뵈온 후에…」
182 _ 매화 「매화 옛등걸에…」
185 _ 구지 「장송으로 배를 무어…」

6부 _ 장시조

188 _ 「중놈도 사람인 양 하여…」
190 _ 「두꺼비 파리를 물고…」
192 _ 「귀뚜리 저 귀뚜리…」
195 _ 「나무도 전혀 돌도 없는…」
198 _ 「새악시 시집간 날 밤에…」
200 _ 「각시네 옥 같은 가슴을…」
202 _ 「창 내고자 창을 내고자…」
204 _ 「저 건너 월앙 바위…」
206 _ 「님이 온다 하거늘…」
210 _ 「믿남진 그놈 자총 벙거지 쓴 놈…」

212 _ 참고문헌
216 _ 찾아보기

1부

고려말

우탁 「춘산에 눈 녹인 바람…」

靑山에 눈 노긴 브람 건듯 불고 간 듸 업다
잠간 비러다가 불리고쟈 마리 우희
귀 밋티 히 무근 서리를 노겨 볼가 ᄒ노라

청구영언(진본)·403

청산(靑山) : 푸른 동산, '청춘'을 뜻함.
건듯 : 얼핏, 문득, 잠깐, 살짝, 슬쩍.
간 듸 업다 : 간 곳이 없구나.
잠간 : 잠깐.
비러다가 : 빌려다가.
불리고쟈 : 불게 하고 싶구나.
마리 우희 : 머리 위에.
서리 : 상(霜), 백발을 뜻함.
귀 밋티 히 무근 서리 : 해마다 쌓인 귀밑의 흰 머리.

우탁 (禹倬, 1263, 원종4 ~ 1343 충혜왕 복위)
고려 후기의 유학자로 본관은 단양, 자는 천장·탁보이며 호는 백운·단암·역동이다. 시호는 문희이다. 문과에 급제, 영해사록이 되어 사당을 철폐하였다. 성균좨주를 지내다가 치사했다. 역학에 능통하여 '역동선생'이라 불렀으며 정주학의 시초를 세웠다. 저서로 『상현록』이 있다.

■ 해설

춘산에 눈 녹인 바람 건 듯 불고 간 데 없다
잠깐 빌어다가 불리고자 머리 위에
귀 밑의 해묵은 서리를 녹여볼까 하노라

눈 녹인 봄바람은 잠깐 불고는 간 데가 없다. 그렇게 청춘은 가버렸다. 잠깐이라도 봄바람을 빌려다가 머리 위에 불게 하고 싶구나. 귀 밑의 해묵은 백발을 녹여보고 싶구나.

최초의 탄로가이다.

문득 거울에 비친 자신의 백발을 바라보며 늙음에 대한 회한을 읊었다.

당시 원나라를 통해 새로운 유학인 성리학이 전래되었다. 특히 정이가 주석한 『주역』을 아무도 해득하지 못했다. 이를 달포만에 해득, 정주학을 연구해 후학들에게 전해주었다. 성리학의 시초를 세워 동방이학의 비조가 되었다. 우탁을 역동선생이라고 부른 것도 중국의 역(易)이 동(東)으로 이동했다고 해서 생긴 말이다.

이조년 「이화에 월백하고…」

梨花에 月白ᄒ고 銀漢이 三更인 제
一支 春心을 子規 ㅣ 야 아라마ᄂ
多情도 病이 냥ᄒ여 ᄌᆞᆷ 못 드러 ᄒ노라

청구영언(진본) · 365

이화(梨花)에 월백(月白)하고 : 배꽃에 달이 비쳐 더욱 희게 보이고.
은한(銀漢) : 은하, 은하수.
삼경(三更) : 한 밤중, 하룻밤을 다섯으로 나눈 셋째의 시각, 23시부터 1시
    로 자시를 일컬음.
일지춘심(一支春心) : 한 가지에 서린 봄 마음, 그리운 정.
자규(子規) : 두견이, 접동새, 귀촉드, 불여귀.
아라마ᄂ : 알랴마는.
다정(多情)도 병(病)이 냥ᄒ여 : 정이 많은 것도 병인 듯 하여.

이조년(李兆年, 1269년, 원종10 ~ 1343년, 충혜왕 복위 4)
고려 후기의 문인으로 자는 원로 호는 매운당·백화헌이다. 충렬왕 20년(1294)에 문과에 급제, 안남서기를 거쳐 비서랑을 지냈다. 왕유소 등이 충렬왕 부자를 이간한 사건에 연루되어 귀양을 갔다. 충혜왕 원년에 정당 문학에 승진, 예문관 대제학이 되어 성산군에 봉해졌다. 시조 1수, 한시 1수가 전한다.

■ 해설

이화에 월백하고 은한이 삼경인 제
일지 춘심을 자규야 알랴마는
다정도 병인 양하여 잠 못 들어 하노라

널리 애송되고 있는, 걸작, 다정가이다.
　배꽃이 흐드러지게 피어있고 달빛은 하얗게 부서지는데 밤은 깊어 은하수마져 기운 삼경이라, 한 가닥 춘심을 그 누가 알까. 소쩍새라도 알기나 할까. 다정다감한 내 마음도 병인 듯해 이리 뒤척 저리 뒤척 잠을 이루지 못하겠구나.
　흐드러진 배꽃과 부서지는 달빛, 그리고 자규의 울음소리. 시각과 청각이 부딪쳐 애틋한 정서를 자아내고 있다.
　이조년은 지조와 절개가 높고 학문과 문장이 출중했다. 정당문학, 예문관대제학을 지낸 뛰어난 대학자였음에도 다정가와 한시 한수로 그의 시재를 헤아릴 수 없음이 아쉽기만 하다.
　퇴계 이황은 "이조년은 난세에 태어나서 수많은 변고와 험난함을 겪으면서도 혼미한 임금을 받들어 지조가 금석 같았고 충직한 깊이가 후세에 우뚝하여 고려 500년 역사의 제1인자"라고 평했다.

최영 「녹이상제 살찌게 먹여…」

綠駬霜蹄 술지게 먹여 시니물에 씨씨 타고
龍泉雪鍔 들게 ᄀ라 다시 ᄲ혀 두러 메고
丈夫의 爲國忠節을 적셔 볼가 ᄒ노라

악학습령 · 799

녹이상제(綠駬霜蹄) : 녹이와 상제는 모두 준마의 이름. 녹이는 주나라 목
　　　왕의 준마. 상제는 준마의 날랜 말굽으로 역시 좋은 말을 뜻함.
용천설악(龍泉雪鍔) : 좋은 칼. 용천은 보검, 설악은 날카로운 칼날.
ᄲ혀 : 빼어.
위국충절(爲國忠節) : 나라를 위한 충성심과 절의.

최영(崔瑩, 1316, 충숙왕3 ~ 1388, 우왕14)
고려 명장으로 본관은 동주, 시호는 무민이다. 왜구와 홍건적 토벌에 많은 공을 세웠다. 1376년 홍산 전투에서 왜구를 무찔렀다. 1388년 명나라의 철령위 설치로 요동 정벌을 계획, 팔도도통사가 되어 명나라를 치고자 출진하였으나 이성계의 위화도 회군으로 실각, 처형 되었다. 시조 1수가 전하고 있다.

■ 해설

녹이상제 살찌게 먹여 시냇물에 씻어 타고
용천설악 들게 갈아 다시 빼어 둘러메고
장부의 위국충절을 적셔볼까 하노라

최영의 「호기가」이다.

준마를 살찌게 먹여 시냇물에 씻기고 준마를 타고 용천 명검을 날카롭게 갈아 둘러메고 장부의 위국충절을 적셔볼까 하노라.

명나라가 철령위를 설치하려 하자 최영은 요동을 칠 것을 왕에게 주청했다. 이성계는 4불가론을 내세워 반대했다. 우왕은 1388년 4월 최영을 8도도통사, 조민수를 좌군도통사, 이성계를 우군도통사로 임명했다.

최영은 청렴 강직한 우국충신이었다. 그는 요동정벌로 고려국의 위상을 높이고자 했으나 그것이 되레 역성혁명의 원인이 되었다.

최영은 죽는 순간까지 떳떳했다. 최영은 고려의 명장이었으며 고려 사직의 최후의 보루였다.

최영이 16살 때 부친이 세상을 떠나면서 '황금을 보기를 돌같이 하라'는 유훈을 남겼다. 장군은 그 유훈에 따라 평생을 나라를 위해 몸을 바쳤다.

이성계는 개국 6년 만에 최영에게 무민이라는 시호를 내리고 그의 넋을 위로했다.

이색 「백설이 잦아진 골에…」

白雪이 자즌진 골에 구루미 머흐레라
반가온 매화는 어닌 곳이 픠엿는고
夕陽에 홀로 셔 이셔 갈 곳 몰라 ㅎ노라

청구영언(진본)·7

백설(白雪) : 흰눈, 고려유신 비유.
자즌진 : 녹아 없어진.
골 : 골짜기.
구루미 : 구름이.
머흐레라 : 험하구나.
셔 이셔 : 서 있어.

이색(李穡, 1328, 충숙왕 15 ~ 1396, 태조 5년)
고려 후기의 문인. 고려 삼은의 한 사람으로 자는 영숙 호는 목은이며 본관은 한산이다. 원나라에서 과거에 급제하여 한림지제고를 제수 받았으며 이제현의 문인으로 성리학의 대가로 칭송을 받았다. 우왕의 사부로 우왕 14년(1377)에 문하시중·한산부원군 등 최고의 직을 받았다. 저서에『목은 문고』,『목은시고』가 있다. 시호는 문청이다.

■ 해설

백설이 잦아진 골에 구름이 머흘레라
반가운 매화는 어느 곳에 피었는고
석양에 홀로 서 있어 갈 곳 몰라 하노라

백설이 잦아진 골짜기에 구름이 험하구나. 반가운 매화는 어느 곳에 피었는고. 석양에 홀로 서 있어 갈 곳을 모르겠구나.

이색은 이성계와는 막역한 친구였다. 1389년 이성계 일파는 창왕을 폐위시키고 공양왕을 즉위시켰다. 이색이 이를 규탄하다 유배를 당했다.

그는 시세에 영합하지 않고 대의로서 끝까지 지절을 지켰다. 그는 당대 제일의 정치가, 문장가였으며 대석학이었고 위대한 교육자였다. 성리학을 바탕으로 국정을 쇄신하고자 사투했으나 이성계와 맞서다 결국 조선 건국의 비운을 맞고 말았다.

원천석 「흥망이 유수하니…」

興亡이 流水ᄒᆞ니 滿月臺도 秋草ㅣ로다
五百年 王業이 牧笛에 부쳐시니
夕陽에 지나는 客이 눈물 계워 ᄒᆞ드라

청구영언(진본)·363

흥망(興亡)이 유수(有數)하니 : 흥학과 망함이 운수에 달려있으니.
만월대(滿月臺) : 개성 송악산 기슭에 있는 고려 왕궁.
추초(秋草)ㅣ로다 : 가을풀이로다.
오백년 왕업(五百年 王業) : 고려 오백년간의 왕조의 대업.
목적(牧笛) : 목동들의 피리소리. 소치는 아이들의 풀피리 소리.
부쳤시니 : 부쳤으니, 남겨졌으니, 깃들었으니.
석양(夕陽) : 저녁빛. 고려왕조의 몰락.
객(客) : 길손, 나그네.
계워 : 겨워. 참거나 견뎌내기 어려워.

원천석(元天錫, 1330, 충숙왕 17 ~ ?)
고려말·조선 초의 문인·학자로 본관은 원주, 호는 운곡, 자는 자정이다. 종부시령을 지낸 윤적의 아들로 원주 원씨의 중시조이다. 고려말의 어지러운 정치를 보고 치악산에 들어가 평생을 은사로 살았다. 일찍이 태종을 가르친 일이 있다. 태종이 왕위에 올랐을 때 벼슬을 내렸으나 거절했다. 문집으로 『운곡시사』가 전해지고 있다.

■ 해설

홍망이 유수하니 만월대도 추초로다
오백년 왕업이 목적에 부쳐시니
석양에 지나는 객이 눈물겨워 하노라

회고가이다.

홍망은 운수에 달려있고 만월대 왕궁터는 가을풀이 욱어졌구나. 오백년 왕조는 목동의 피리 속에 남아있어 석양에 지나는 객은 눈물을 감추지 못하겠구나.

오백년 왕조가 목동의 피리 소리에나마 남아 있을 뿐이다. 새 왕조가 들어섰으니 과거로 되돌릴 수는 없다. 안타까움과 그리움에 석양의 객은 눈물을 흘릴 수밖에 없다.

조선 개국 후 개성을 둘러본 회한에 찬 시조이다.

운곡은 출사하기에는 부적절한 시대에 태어났다. 그는 홀로 농사를 지으며 산 실천궁행의 실천인이었으며 참다운 선비였다. 충국·애국하는 마음으로 한 생애를 티 없이 살았던 참학자였다. 후세 사람들은 절개를 굽히지 않은 그를 일컬어 만대의 스승이라고 했다.

정몽주 「이 몸이 죽어 죽어…」

이 몸이 주거 주거 一百番 고쳐 주거
白骨이 塵土ㅣ 되여 넉시라도 잇고 업고
님 向혼 一片丹心이야 가실 줄이 이시랴.

청구영언(진본)·8

주거 주거 : 죽고 또 죽어.
고쳐 주거 : 다시 죽어.
진토(塵土): 한 줌의 티끌과 흙.
잇고 업고 : 있든 없든 간에.
일편단심(一片丹心) : 진심에서 우러나는 충성된 마음.
가실 줄이 : 변할 줄이.없어질 줄.
이시랴 : 있으랴.

정몽주(鄭夢周, 1337년, 충숙왕 복위 6 ~ 1392년,공양왕 4)
고려 후기의 문신. 고려 삼은의 한 사람으로 자는 달가, 호는 포은이다. 초명은 몽란, 몽룡, 관례 후 이름을 몽주로 고쳤다. 1360년 문과에 급제하여 예문관의 검열·수찬을 지냈다. 동방이학의 원조로 대표적인 성리학자로 벼슬은 예문관 대제학에 이르렀다. 이성계 일파의 새 왕조 창업에 반대하다 선죽교에서 피살당했다. 저서로『포은집』이 있다.

■ 해설

　이 몸이 죽어 죽어 일백 번 고쳐 죽어
　백골이 진토되어 넋이라도 있고 없고
　님 향한 일편단심이야 가실 줄이 있으랴

「단심가」이다. 이 몸이 죽고 또 죽어 일백번이라도 고쳐 죽어 백골이 진토되어 넋이라고 있건 없건 임향한 일편 단심이야 가실 줄이 있겠느냐.

　이런들 어떠하며 저런들 어떠하리
　만수산 드렁츩이 얽어진들 어떠하리
　우리도 이같이 얽어져 백년까지 누리리라

「하여가」이다. 이런들 어떻고 저런들 어떻겠느냐. 만수산 드렁츩이 얽혀진들 어떠하겠느냐. 우리도 이같이 얽혀서 백년까지 누려봅시다.
　이방원은 이성계를 왕으로 추대하는 것이 어떻겠느냐고 물었다.
　이방원의 위와 같은 '하여가'에 대한 대답으로 이렇게 정몽주는 단심가를 읊었다.
　포은이 피살되었던 그날 밤 선지교 다리 옆에 붉은 대나무가 자라나고 있었다. 그 후 선지교를 선죽교라 불렀다.

이존오 「구룸이 무심탄 말이…」

구룸이 無心탄 말이 아마도 虛浪ᄒ다
中天에 ᄯ 이셔 任意로 ᄃᆞ니며서
구틱야 光明호 날빗츨 ᄯᅡ라가며 덥ᄂᆞ니

청구영언(진본)·348

허랑(虛浪)ᄒ다 : 언행이 허황하고 착실하지 못하다.
중천(中天) : 하늘 한 복판.
임의(任意) : 마음대로.
ᄃᆞ니며서 : 다니면서. 기본형은 'ᄃᆞ니다'.
구틱야 : 구태여.
날빗츨 : 햇빛을.
덥ᄂᆞ니 : 덮느냐, 덮는가.

이존오(李存吾, 1341, 충혜왕 복위 2 ~ 1371, 공민왕 20)
고려 말 문신으로 자는 순경, 호는 석탄 또는 고산이다. 1360년 문과에 급제, 수원서기를 거쳐 사관에 발탁되었다. 학문이 뛰어나고 성격이 매우 곧았다. 1366년 우정언이 되어 신돈의 횡포를 탄핵하다 왕의 노여움을 샀으나 이색의 옹호로 극형을 면했다. '진정한 정언'이란 칭호를 얻었다. 벼슬은 정언에 이르렀고 죽은 후 성균관 대사성에 추증되었다. 시조 3 수와 『석탄집』이 전한다.

■ 해설

구름이 무심탄 말이 아마도 허랑하다
중천에 떠 있어 임의로 다니면서
구태여 광명한 날빛을 따라가며 덮나니

신돈의 횡포를 풍자한 시조이다.

구름이 무심하다는 말은 거짓되고도 믿을 수가 없다. 하늘 한복판을 임의로 떠다니며 굳이 광명한 햇빛을 따라가며 덮고 있느냐. 국권을 마음대로 주무르고 다니는 간신, 신돈이 왕의 총명을 가리고 있음을 개탄한 내용이다.

그는 공민왕 17년(1368)에는 벼슬에서 물러나 공주 석탄에 은거했다. 이때부터 호를 석탄이라 했다.

"신돈의 세력이 아직도 성하느냐?"

"그렇다."

"신돈이 죽어야만 내가 죽을 것이다."

그 말을 하고 바로 숨을 거두었다. 울화병이었다.

사람들은 석탄을 '진정 나라의 정언(正言)'이라고 칭송했다.

그의 나이 32세였고 그가 죽은 3개월 후, 신돈이 처형당했다.

대쪽 같았던 그였기에 사람들은 그의 죽음을 더욱 안타까워했다.

길재「오백년 도읍지를…」

五百年 都邑地를 匹馬로 도라드니
山川은 依舊ᄒ되 人傑은 간듸 업다
어즈버 太平烟月이 꿈이런가 ᄒ노라

청구영언(진본)·364

오백년 도읍지(五百年 都邑地) : 고려가 500년 간 도읍했던 개성.
필마(匹馬) : 한 필의 말. 단마, 필마단기(匹馬單騎), 단기필마의 준말, 혼자서 말을 타고.
의구(依舊) : 예와 같이 다름이 없음.
인걸(人傑) : 뛰어난 인재, 여기서는 고려의 신하.
어즈버 : 아!, 오오, 어져 등의 감탄사로 시조 종장 첫구에 흔히 쓰임.
태평연월(太平烟月) : 태평세월.
꿈이런가 : 꿈이었던가.

길재(吉再, 1353, 공민왕2 ~ 1419, 세종 1)
고려 삼은의 한 사람으로 본관은 해평, 자는 재보, 호는 야은·금오산인이다. 이색 정몽주와 함께 고려 삼은으로 일컬어진다. 정몽주의 문하생으로 문과에 급제, 성균박사, 문하주서 등을 지냈다. 고향에서 교육에 전념했으며 태종이 태상박사를 제수했으나 두 왕조를 섬길 수 없다하여 거절했다. 저서로『야은집』과『야은속집』, 언행록『야은언행습유록』이 전하고 있다.

■ 해설

오백년 도읍지를 필마로 돌아드니
산천은 의구하되 인걸은 간데 없네
어즈버 태평연월이 꿈이런가 하노라

회고가이다. 오백년 도읍지를 혼자서 말을 타고 돌아보니 산천은 예나 지금이나 다름이 없는데 인재들은 간 곳이 없구나. 아, 태평스러웠던 지난날이 꿈이런가 하노라.

정종 2년(1400) 그의 나이 48세. 송도로 천도한 직후였다. 화려했던 고려의 서울, 송도를 둘러보았다. 심경이 얼마나 참담했으면 이런 시조를 읊었을까. 흥망성쇠와 인생무상을 읊었다.

종사랑 문하주서에 올랐으나 38세 때에 모든 벼슬을 버리고 고향 선산으로 돌아가 학문에 몰두했다.

문하에는 성리학의 중추 사림파 김숙자가 있다. 절의 정신은 아들 김종직에게 전해지고 김일손, 김굉필, 정여립, 조광조, 조식으로 이어져 우리나라 선비 정신의 한 계보를 형성했다. 임진왜란의 의병도 이 정신에서 비롯되었다.

조선왕조실록에는 그의 충절 기사가 60여 차례가 넘었고, 행실은 만인의 교과서「삼강행실도」,「오륜행실도」에도 올랐다.

2부
조선전기

정도전 「선인교 내린 물이…」

仙人橋 나린 물이 紫霞洞에 흘너 드러
半千年 王業이 물소리 뿐이로다
아희야 故國興亡을 무러 무슴 ㅎ리오

청구영언(홍씨본)·33

선인교(仙人橋) : 개성의 자하동에 있는 다리 이름.
자하동(紫霞洞) : 개성 송악산 기슭에 있는 고을 이름.
반천년 왕업(半千年 王業) : 오백년 동안의 고려 왕조.
고국흥망(故國興亡) : 고려의 흥망성쇠.
무슴 : 무엇.

정도전(鄭道傳, 1342, 충혜왕 복위3 ~ 1398, 태조 7)
고려말·조선초의 정치가·학자로 본관은 봉화, 자는 종지, 호는 삼봉이다. 태조 이성계를 도와 일등 개국공신이 되었고 1394년『조선경국전』을 편찬하여 조선 법제의 근본을 마련했다. 이방원에 의해 피살되었으며 문집으로『삼봉집』이 있다.

■ 해설

　선인교 내린 물이 자하동에 흘러들어
　반천년 왕업이 물소리 뿐이로다
　아희야 고국흥망을 물어 무엇하리오

　정도전의 「회고가」이다.
　선인교 내린 물이 자하동에 흐르니 고려 왕업은 한낮 물소리뿐이로다. 아희야, 고려 흥망을 물어 무엇하겠느냐. 그리움, 감상 따위가 무슨 필요가 있느냐이다. 고려를 무너뜨린 승자의 변명답게 의연하다. 제1차 왕자의 난 때 이방원에 의해 죽임을 당했다.
　당대의 석학이었고 경세가였으며 문필가, 사상가였던 정도전. 조선 건국의 일등 공신으로 문물제도 정비 등 건국 사업에 크게 공헌했으며 성리학 저서와 병서, 경세서, 철학서 등 많은 저술을 남겼다.

맹사성 「강호에 봄이 드니…」

江湖에 봄이 드니 미친 興이 절로 난다
濁醪溪邊에 錦鱗魚ㅣ 안쥬로다
이 몸이 閑暇히옴도 亦君恩 이샷다

江湖에 녀름이 드니 草堂에 일이 업다
有信흔 江波눈 보내누니 부람이로다
이 몸이 서늘히옴도 亦君恩 이샷다

江湖에 구울이 드니 고기마다 술져잇다
小艇에 그믈 시러 흘리쯰여 더뎌두고
이 몸이 消日히옴도 亦君恩이샷다

江湖에 겨월이 드니 눈 기픠 자히 남다
삿갓 빗기 쓰고 누역으로 오슬 삼아
이 몸이 칩지 아니히옴도 亦君恩 이샷다

청구영언(진본) · 9, 10, 11, 12

강호(江湖) : 강과 호수를 아울러 이르는 말. 시. 묵객 등이 현실을 도피하여 생활하던 은거지.
탁료계변(濁醪溪邊) : 탁료는 막걸리, 계변은 시냇가. 막걸리를 마시며 노는 강놀이.
금린어(錦鱗魚) : 쏘가리, 아름다운 물고기. 물고기를 미화시킨 말.
역군은(亦君恩)이샷다 : 역시 임금님의 은혜이시도다.
녀름 : 여름.
유신(有信) : 신의가 있는.
강파(江波) : 강물.
보내ᄂ니 : 보내는 이. 보내는 것.
서놀히옴도 : 서늘하게 지내는 것도.
ᄀᆞ을 : 가을.
소정(小艇) : 작은 배.
흘리쯰여 : 흘러가는대로 띄워.
더뎌두고 : 던져두고.
소일(消日)히옴도 : 심심하지 않게 지내는 것도.
겨월 : 겨울.
자히 남다 : 한 자(尺)가 더 되다. 자는 길이를 재는 단위로 한 자는 30.3cm에 해당함.
빗기 : 비스듬이.
누역(縷繹) : 도롱이의 옛말.
칩지 아니히옴도 : 춥지 않게 지냄도.

맹사성(孟思誠, 1360, 공민왕 9 ~ 1438, 세종 20).
고려 말 조선 초의 문신으로 본관은 신창, 자는 자명·성지이며 호는 동포·고불이다. 최영의 손서로 온양 출신이다. 권근의 문인으로 문과에 급제하여 여러 벼슬을 거쳐 우의정·좌의정에 올랐다. 시문에 능하고 음율에도 밝아, 향악을 정리하고 스스로 악기를 제작했다고 한다. 시호는 문정이다.

■ 해설

강호에 봄이 드니 미친 흥이 절로 난다
탁료계변에 금린어 안주이로다
이 몸이 한가해옴도 역군은이샷다

강호에 여름이 드니 초당에 일이 없다
유신한 강파는 보내는 이 바람이로다
이 몸이 서늘해옴도 역군은이샷다

강호에 가을이 드니 고기마다 살져있다
소정에 그물 실어 흘리띄워 던져두고
이 몸이 소일해옴도 역군은이샷다.

강호에 겨울이 드니 눈 깊이 자가 남다
삿갓 빗기 쓰고 누역으로 옷을 삼아
이 몸이 춥지 아니해옴도 역군은이샷다

  대자연 속에 봄이 돌아오니 미친 흥이 절로 난다. 시냇가에 탁주, 안주는 쏘가리로다. 이 몸이 한가한 것도 역시 임금님의 은혜이도다. 강호에 여름이 드니 초당에 일이 없다. 신의 있는 물결을 보내는 것은 바람이라. 이 몸이 서늘한 것도 임금님의 은혜로다. 강호에 가을이 오니 고기마다 살쪄있다.

작은 배에 그물을 실어 물 위에 흘러가는 대로 띄워 던져두고 이 몸이 소일한 것도 임금님의 은혜로다. 강호에 겨울이 오니 눈 깊이가 한 자가 넘는다. 삿갓을 비스듬히 쓰고 도롱이로 옷을 삼아 이 몸이 춥지 아니한 것도 임금님의 은혜로다.

「강호사시가」이다. 우리나라 최초의 연 단시조이며 훗날 강호가의 원지류가 되었다. 맹씨 행단 앞을 흐르는 금곡천을 배경으로 만년에 지은 시조이다.

청백리 맹사성, 그는 겸양의 대명사이며 재상다운 재상이었다.

황희 「대초볼 붉은 골에 …」

대쵸 볼 불근 골에 밤은 어이 뜻드르며
벼 뷘 그르헤 게는 어이 누리는고
술 닉쟈 체장수 도라가니 아니 먹고 어이리

청구영언(진본)·324

대조(大棗) 볼 : 대추의 볼. 대추 열매가 뺨의 가운데 부분처럼 통통하게 익은 모양.
뜻드르며 : 떨어지며 기본형은 '뜯듣다'.
그르헤 : 그루에. 그루터기에.
누리는고 : 내리는가.
체장사 : 체를 파는 상인.
어이리 : 어쩌랴.

황희(黃喜, 1363, 공민왕 12 ~ 1452, 문종 2).
조선 전기의 문신으로 본관은 장수, 초명은 수로, 자는 구부이며 호는 방촌이다. 고려말에 성균관학관을 지냈으며 조선 건국 후에는 태조, 정종, 태종, 세종의 4대에 걸쳐 대사헌, 판서, 참찬, 우의정, 좌의정을 지냈다. 저서로 『방촌집』이 있으며 시호는 익성이다.

■ 해설

　대추 볼 붉은 골에 밤은 어이 듯드르며
　벼 벤 그루에 게는 어이 나리는고
　술 익자 체 장사 돌아가니 아니 먹고 어이리

　대추볼이 붉게 익은 골짜기에 밤송이가 투둑투둑 떨어진다. 벼를 벤 그루터기에는 게들이 슬슬 기어다닌다. 마침 술은 익었고 술찌기미를 거를 체장수까지 왔다 갔다. 안주도 있으니 한 잔 먹지 않고 어찌하겠느냐는 것이다. 전형적인 평화로운 농촌 풍경이다.

　인간적이고 관대하고 청렴했던 정승은 일찍이 조선조에는 없었다. 조선 왕조를 통해 가장 명망있는 재상으로 칭송받았고 태종, 세종, 문종에 이르기까지 내리 3대를 섬겼던 인물이다. 그는 인간미, 관대함, 청렴함을 두루 갖춘 만대의 정승, 청백리의 사표였다. 무로서 세운 나라가 문으로서 정신문화의 꽃을 피웠으니 그 한 축에는 황희가 있었다.

김종서 「삭풍은 나무 끝에 불고…」

朔風은 나모 긋티 불고 明月은 눈 속에 츠듸
萬里 邊城에 一長劍 집고 셔셔
긴 프룸 큰 흔 소릐에 거칠 거시 업세라

청구영언(진본) · 13

삭풍(朔風) : '삭'은 '북'의 뜻, 북풍
츠듸 : 찬데
만리변성(萬里邊城) : 멀리 떨어진 북경 부근의 성. 김종서가 개척하고 지키던 두만강 주변에 있는 6진
일장검(一長劍) : 한 자루의 긴 칼
긴 프룸 : 길게 부는 휘파람
큰 흔 소릐 : 크게 한 번 외치는 소리
업세라 : 없구나

김종서(金宗瑞, 1383, 우왕9 ~ 1453, 단종1)
조선 전기 문신으로 자는 국경, 호는 절제이다. 지용을 겸한 명장으로 6진을 개척하여 두만강을 국경으로 삼았다. 황보인 등과 어린 단종을 보필했으나 계유정난 때 수양대군에 의해 아들과 함께 피살되었다.

■ 해설

  삭풍은 나무 끝에 불고 명월은 눈 속에 찬데
  만리 변성에 일장검 짚고 서서
  긴 파람 큰 한 소리에 거칠 것이 없세라

  삭풍은 나무 끝에 불고 밝은 달은 눈 속에 찬데 만리 국경에 큰 칼을 짚고 서서 긴 휘파람 큰 한 소리에 거칠 것이 없구나. 함경도에 육진을 개척, 여진을 호령할 때 지은 호기가이다. 무인의 호방한 기상을 노래했다.

  육진 개척으로 압록강의 사군과 함께 압록강과 두만강을 경계로 하는 오늘날의 국경선이 만들어졌다.

  김종서는 계유정난의 첫 희생자였다. 문종은 영의정 황보인 등과 함께 어린 단종을 부탁했으나 대권에 걸림돌이 되는 김종서는 야심 많은 수양대군의 첫 희생자가 되었다.

  지략이 뛰어나고 강직해서 대호라는 별명을 얻었으며 『제승방략』이라는 병서를 남기기도 했다.

박팽년 「까마귀 눈비 맞아 …」

가마귀 눈비 마자 희는 듯 검노미라
夜光明月이 밤인들 어두오랴
님 向흔 一片丹心이야 고칠 줄이 이시랴

청구영언(진본) · 295

희는 듯 : 흰 듯 하더니 곧.
검노미라 : 검는구나.
야광명월(夜光明月): 밤중에 빛나는 밝은 달.
일편단심(一片丹心) : 진심에서 우러나는 충성된 마음.
고칠 줄이 : 바꿀 줄이.
이시랴 : 있으랴, 있을 것이냐.

박팽년(朴彭年, 1417, 태종 17 ~ 1456, 세조 2).
조선초기 문신이자 사육신의 한 사람으로 본관은 순천, 자는 인수, 호는 취금헌이다. 회덕 출신으로 집현전 학사였으며 충청도 감찰사에 이어 형조판서가 되었다. 심한 고문으로 옥중에서 죽었다.

■ 해설

　까마귀 눈비 맞아 희는 듯 검노매라
　야광명월이 밤인들 어두우랴
　님 향한 일편 단심이야 고칠 줄이 이시랴.

　까마귀가 눈비 맞는다 해서 희는듯 하지만 희게 되지는 않는다. 빛나는 명월은 밤이라 해서 어두워지지 않는다. 님 향한 일편단심이야 변할 줄 있겠는가.
　금부도사가 형장으로 끌려가는 그를 브고 말했다.
　"고집을 잠깐 거두시오면 온 집안이 영화를 누리실 텐데. 무슨 고집을 그렇게도 부리십니까?"
　"더럽게 사느니 깨끗하게 죽는 것이 나으리니라."
　그는 기꺼이 형을 받았다. 아버지, 동생, 세 살짜리 아들까지 사형당했다. 이때 박팽년의 아들 박순의 부인 이씨가 임신 중이었다. 조정에서는 아들을 낳거든 즉시 사형시키라고 명령했다. 때마침 종도 임신 중이었다.
　이들은 비슷한 시기에 해산을 했다. 약속한 듯이 며느리 이씨는 사내아이를 낳고 종은 딸아이를 낳았다. 종은 자기 아이와 이씨의 아이를 바꿔치기했다. 박팽년의 손자인 사내 아이를 자기 아이로 키운 것이다. 성종 대에 이르러 이 사실이 드러났다. 그러나 성종은 이를 사면해 주고 '일산'이라는 이름까지 하사해 주었다. 이 때문에 사육신 중 박팽년만은 대를 이을 수 있었다.

 경북 달성 묘골 마을에는 지금도 그의 후손들이 집성촌을 이루며 살고 있다. 여기 육신사에는 원래 박팽년 선생을 모신 사당이었으나 그의 후손이 꿈속에서 선생의 제삿날에 사육신중 다른 분들이 사당 밖에서 서성거리는 모습을 본 뒤 나머지 다섯 분의 위패도 함께 봉안했다는 이야기가 전해오고 있다.

성삼문 「이 몸이 죽어가서 …」

이 몸이 주거가서 무어시 될소 ᄒ니
蓬萊山 第一峰에 落落長松 되야이셔
白雪이 滿乾坤홀 제 獨也靑靑ᄒ리라

청구영언(진본) · 16

봉래산(蓬萊山) : 중국 전설상의 삼신산(三神山)의 하나. 봉래, 방장, 영주의 세산을 말함. 동쪽 바다의 가운데에 있으며, 신선이 살고 있으며 불로초와 불사약이 있다고 한다. 우리나라 여름철 금강산의 이름.
낙락장송(落落長松) : 키가 크고 가지가 축축 늘어진 소나무.
만건곤(滿乾坤) : 천지에 가득함.
독야청청(獨也靑靑) : 홀로 푸르고 푸름. 꿋꿋한 절개를 말함. 也는 강세조사.

성삼문(成三問, 1418, 태종 18 ~ 1456, 세조 2).
조선초기 문신이자 사육신의 한 사람이다. 본관은 창녕, 자는 근보, 호는 매죽헌이다. 집현전 학사로 시문에 능했으며 훈민정음 창제시 음운 연구를 위해 요동에 있는 황찬을 열세 번이나 찾았다. 단종 복위 실패로 거열형을 당했다. 저서로『매죽헌집』이 있다.

■ 해설

이 몸이 죽어가서 무엇이 될꼬하니
봉래산 제일봉에 낙락장송 되었다가
백설이 만건곤할 제 독야청청하리라.

「충의가」이다.
세조는 성삼문의 마지막 마음을 돌려보려고 했다.
이 몸이 죽어가서 무엇이 될고 하니 봉래산 제일봉에 낙락장송 되었다가 백설이 천지를 덮을 때 홀로 푸르고 푸르리라.'
성삼문을 끌어냈다.
"어찌하여 과인을 배반하였느냐?"
"왕을 왕으로 복위시키는 것이 어찌 배반이라 할 수 있겠소?"
"어린 상왕이 나으리께 왕위를 빼앗겼으니 신하로서 당연한 도리가 아니겠소?"
"너는 왕을 왕이라 부르지 않고 나으리라고 불렀느니라. 너는 나의 녹을 먹고 있지 않느냐? 그것이 배반이 아니고 무엇이더냐?"
"상왕이 계신데 나으리께서 어찌 나를 신하라 할 수 있겠소. 나는 나으리의 녹을 먹지 않았소이다. 나를 믿지 못하거든 내 집 곳간을 살펴보시오."
그의 부친 성승과 아들 다섯과 동생, 사촌들이 모두 죽었고 부인은 관비가 되었다. 곳간을 뒤져보니 세조에게 받은 녹비가 고스란히 쌓여있었다. 방안에는 불을 지핀 지 오래되어 온기 하나 없고 거적때기 몇 개만 깔려있을 뿐이었다.

세조는 그래도 "일대의 죄인이요, 만고의 충신이다."라 하여 그의 충절에 감탄했다.

왕방연 「천만리 머나먼 길에 …」

千萬里 머나 먼 길에 고온 님 여희옵고
내 ᄆᆞ음 둘 듸 업서 냇ᄀᆞ에 안자이다
져 물도 내 안 ᄀᆞ도다 우러 밤길 녜놋다

청구영언(진본) · 17

고온 님 : 단종을 이름
여희옵고 : 이별하옵고
둘 듸 : 둘 곳이
내 안 : 내 마음
녜놋다 : 가는구나. ' ~ 놋다'는 감탄형 종결어미

왕방연(王邦衍, ? ~ ?)
생몰연대 미상으로 단종이 영월에 유배 갈 때 호송한 의금부도사이다.

■ 해설

  천만리 머나 먼 길에 고운 님 여의옵고
  내 마음 둘 데 없어 냇가에 앉자시니
  저 물도 내 안 같도다 울어 밤길 예놋다

  천만리 머나먼 길에 사모하는 님을 두고 와 내 마음 둘 데 없어 냇가에 앉았으니 저 물도 내 마음 같아 울며 밤길을 가는구나.
  청령포에 단종을 두고 돌아오는 길이었다. 그는 곡탄 언덕에 앉아 여울물 소리를 들으며 이 시조를 지었다. 단종에 대한 곡진한 그리움이 지금도 우리들의 가슴을 울리고 있다.
  호장 엄홍도라는 사람이 있었다. 그는 단종의 죽음을 듣고 대성통곡을 했다. 그리고는 시신을 수습하여 동을지에 무덤을 마련해주었다. 지금의 장릉이다.
  사육신, 금성대군의 단종 복위 사건은 결국 단종의 유배와 사약으로 이어졌다. 심부름꾼, 금부도사가 무슨 힘이 있으랴만 그래서 나온 시조이기에 더더욱 애틋하다.
  한밤중 자규의 울음소리는 듣는 이를 처연하게 만든다. 『장릉지』에 전하는 단종의 자규시 한 수이다.

  원통한 새가 되어 제궁을 나오니
  외로운 그림자 산중에 홀로 섰네

밤마다 잠들려 해도 잠을 못 이루고
해가 가고 해가 와도 한은 끝이 없어라
두견새 소리 그치고 조각달은 밝은데
피 눈물은 흐르고 골짜기에 지는 꽃은 붉구나
하늘도 저 슬픈 하소연을 듣지 못하는데
어찌하여 시름 젖은 내 귀에는 잘도 들리는가.

— 단종의 「자규시」

남이 「장검을 빠혀들고 …」

장검을 빠혀들고 白頭山에 올라 보니
大明 天地가 腥塵에 줌겨셰라
언제나 南北風塵을 헤쳐 볼고 ᄒ노라

청구영언(진본) · 106

빠혀 : 빼어.
대명천지(大明天地) : 환하게 밝은 세상.
성진(腥塵) : 싸움으로 인한 먼지. 전란으로 인한 소란.
줌겨세라 : 잠겼구나.
남북풍진(南北風塵) : 남만과 북적의 병란. 전쟁을 말함.
헤쳐 : 평정하여.

남이(南怡, 1441, 세종 23 ~ 1468, 예종 즉위년)
조선 전기 무신으로 본관은 의령이며 정선공주의 손자이다. 17세에 무과에 급제, 이시애의 난을 토벌한 공으로 일등 공신이 되었다. 27세에 병조판서가 되었으며 유자광의 역모에 몰려 28세에 처형을 당했다.

■ 해설

장검을 빼혀들고 백두산에 올라보니
대명천지가 성진에 잠겼어라
언제나 남북풍진을 헤쳐볼까 하노라

「호기가」이다.

긴 칼을 빼어 들고 백두산에 올라보니 밝은 천지에 전운이 감도는구나. 남만과 북적의 병란을 언제라도 평정하여 보겠노라. 무장의 씩씩한 호기와 기상이 잘 드러나 있다. 남이가 이시애 난(1467)을 평정하고 여진을 정벌한 후 돌아올 때 지었다.

남이는 본관은 의령, 태종의 외손자이며 권람의 사위이다. 세조 3년(1457) 17세에 무과에 급제했고 26세에 병조 판서가 된 입지적 인물이다.

남이는 그의 출세를 시기한 유자광에 의해 죽임을 당했고 왕권을 강화하려는 예종과 이를 견제하려는 훈구 세력과의 알력에 의해 희생되었다.

김종서는 세조에게, 남이는 세조의 아들 예종에게 억울한 죽임을 당했다. 나라의 동량이 두 부자에 의해 희생되었다. 역사의 아이러니이다.

성종 「이시렴 부디 갈따…」

이시렴 부듸 갈짜 아니 가든 못홀쏘냐
無端이 슬터냐 눔의 말을 드럿는야
그려도 하 애도래라 가는 쯧을 닐러라

해동가요(일석본)·8
(주씨본)·8

이시렴 : 있으렴. 있으려무나.
갈짜 : 가겠느냐.
무단(無端)이 : 공연히, 까닭없이.
슬터냐 : 싫더냐.
그려도 : 그래도.
애도래라 : 애닯구나.
닐러라 : 말해다오.

성종(成宗, 1457년, 세조 3 ~ 1494, 성종 25)
조선 제9대 왕. 재위 1469~1494. 본관은 전주이며 이름은 혈이다. 세조의 손자이며 예종의 뒤를 이어 열세 살의 어린 나이로 왕위에 올라 25년간 재위했다. 호학의 명군으로 많은 치적을 남겼다.

■ 해설

이시렴 부디 갈따 아니 가든 못할쏘냐
무단히 슬터냐 남의 말을 들었느냐
그려도 하 애도래라 가는 뜻을 일러라

있으려무나. 부디 가겠느냐. 아니 가면 안되느냐 ? 공연히 내가 싫더냐. 아니면 남의 말을 들었더냐. 그래도 하도 애닯구나. 가는 뜻을 말하려무나. 얼마나 안타까웠으면 이렇게 네 번씩이나 물어보았겠는가. 신하에 대한 군주의 아쉬움이 극진했다.

유호인은 노모를 봉양하기 위해 외관직을 자청했다. 곁에 두고 싶어 만류했으나 듣지 않았다. 왕은 할 수 없이 그를 외직으로 보냈다. 그에게 합천 군수 교지를 내렸다.

유호인이 고향 함양으로 떠나는 날 성종은 전별연을 베풀어주었다. 임금이 이별주를 권하며 그 자리에서 이 시조를 읊었다.

거기에 있었던 많은 사람들이 감격하여 눈물을 흘렸다. 성종의 신하에 대한 사랑은 이처럼 곡진했다.

성종은 훈구파의 전횡을 견제하고자 김종직 같은 많은 사림파의 인재들을 등용했다. 호학의 군주로서 유호인 같은 인재를 잡아두고 싶었던 것이다. 유호인은 합천 군수로 있다가 그해 4월 병으로 죽었다.

유호인은 『동국여지승람』 편찬에 참여했고 시·문·필에 뛰어나 삼절로 불리웠다. 자는 극기 호는 뇌계이다. 청렴·결백했으며 임금엔 충직했고 부모에겐 효심이 깊었다.

김구 「나온댜 금일이야…」

나온댜 今日이야 즐거온댜 오놀이야
古往今來예 類업슨 今日이여
每日의 오놀 굿ᄐ면 므슴 셩이 가시리

자암집 · 4

나온댜 : 즐겁구나. '나온'은 즐거운. '라온'으로 표기. '즐거운'의 옛말.
고왕금래(古往今來) : 예로부터 지금까지.
유(類) 없은 : 유례가 없는.
셩이 가시리 : 성가시겠는가.

김구(金絿, 1488, 성종19 ~ 1534, 중종 29)
중종 때의 문신이며 서예가이다. 호는 자암·삼일재이며 시호는 문의이다. 기묘사화로 조광조, 김정 등과 함께 투옥되었다. 개령에 유배되었다가 수개월 뒤 죄목이 추가되어 13년간 남해 절도에 안치되었다. 글씨가 뛰어나 안평대군, 양사언, 한호와 더불어 조선 전기 4대 서예가의 한 사람으로 꼽힌다. 서체가 매우 독특하여 그가 살았던 인수방의 이름을 따서 '인수체'라고 했다.

■ 해설

나온댜 금일이야 즐거온댜 오늘이야
고왕금래에 유 없는 금일이여
매일의 오늘 같으면 무슨 성이 가시리

옥당에 숙직하고 있을 때였다. 자암은 밤늦게까지 글을 읽고 있었다. 갑자기 문을 두드리는 소리가 났다. 중종이 와 계신 것이다. 깜짝 놀라 엎드려 예를 다했다.

"달이 밝아 글 읽는 소리가 들려 여길 왔는데 무슨 군신의 예가 필요하겠는가."

중종은 술을 내리며 노래를 청했다. 자암은 감격하여 즉석에서 노래 두 수를 바쳤다.

첫수는 임금의 뜻하지 않은 방문에 감격하여 읊은 시조이다.

즐겁구나. 오늘이여. 즐겁구나 오늘이여. 고금에 유례없는 영광의 오늘이여. 매일이 오늘 같기만 하면 무슨 성가신 일 있겠습니까. 젊은 선비들에게도 애정을 갖고 계시니 어려운 일이 뭐가 있겠습니까.

둘째수는 송축가이다.

오리 짧은 다리 학의 다리 되도록애
검은 까마귀 해오라기 되도록애
향복무강(享福無疆)하사 억만세를 누리소서

오리의 짧은 다리가 학의 긴 다리처럼 될 때까지 검은 까마귀가 흰 해오라기처럼 희게 될 때까지 영원한 복을 누리며 억만세까지 사시길 기원하고 있다.

불가능한 것을 가능한 것으로, 비현실적인 것을 현실적인 것으로 표현하여 영원한 행복을 누리시라는 시조이다. 이는 고려가요의 정석가에서나 볼 수 있는 수법으로 실현될 수 없는 현실에 대해 절대성을 부여하고 있다. 이상 국가로 나아가는 개혁 정치를 계속 밀고나가 영원토록 복을 누리시리라는 기원과 함께 신진사류의 간절한 염원도 담고 있다.

중종은 노래를 듣고 노모에게 드리라고 담비 털옷을 하사했다.

그는 기묘사화로 조광조·김정 등과 함께 투옥되었다. 15년간의 남해에서의 긴 유배 생활을 마치고 고향 예산으로 돌아와 보니 부모는 이미 세상에 없었다. 슬픔을 이기지 못해 조석으로 산소에 가 통곡하다 그해 화병으로 젊은 나이에 죽었다. 전해지는 얘기로는 부모 산소의 풀들도 그의 뜨거운 눈물에 말라 모두 시들었다고 한다. 시호는 문의이며 그의 유허비에는 '너무나 짧은 인생이 아깝기만 하다…'고 쓰여있다.

서경덕「마음이 어린 후이니…」

ᄆ음이 어린 後ㅣ니 ᄒᄂ는 일이 다 어리다
萬重 雲山에 어니 님 오리마는
지ᄂ는 닙 부ᄂ는 ᄇ람에 힝혀 긘가 ᄒ노라

청구영언(진본)·23

ᄆ음 : 마음.
어린 : 어리석은.
만중운산(萬重雲山) : 구름이 쌓인 깊은 산 속.
어니 님 : 어느 임.
오리마는 : 올 것인가마는.
힝혀긘가 : 행여 그인가.

서경덕 (徐敬德, 1489, 성종 20 ~ 1546, 명종 1).
조선 중기의 유학자이다. 개성 출신으로 본관은 당성, 자는 가구, 호는 복재·화담이다. 벼슬에 뜻을 두지 않고 성리학 연구에 전념했다. 학문 연구에서 격물(格物)을 통해 스스로 터득하는 것을 중시했으며, 기일원론(氣一元論)을 완성, 주기론의 선구자가 되었다. 황진이의 유혹을 물리친 일화가 전해지고 있으며, 박연폭포·황진이와 함께 송도삼절로 불리워지고 있다. 저서에 『화담집』이 있다.

■ 해설

마음이 어린 후이니 하는 일이 다 어리다
만중 운산에 어내 님 오리마는
지난 잎 부는 바람에 행여 귄가 하노라

 진랑이 오는 날이 뜸해졌다. 밤은 깊고 주위는 적막했다. 우수수 낙엽은 지고 있었다. 영창을 열었으나 주위는 적막했다. 다시금 영창을 닫았다. 불을 껐다. 잠은 십 리 밖으로 달아나고 정신은 자꾸만 맑아져갔다. 기다려도 진이는 오지 않았다. 서화담은 초연히 앉아 어둠 속에서 이 노래를 읊었다.
 진랑인들 스승의 인자한 모습을 보고, 부드러운 음성을 듣고 싶지 않았겠는가? 진이는 문밖에 와있었다. 자신의 사무치는 마음을 스승도 간직하고 있음을 확인하는 순간이었다. 왈칵 눈물이 쏟아졌다. 가슴 깊이 깔려있던 그동안의 오열을 한꺼번에 쏟아냈다. 한참을 추스렸다.

내 언제 무신하여 님을 언제 속였관데
월침 삼경에 온 뜻이 전혀 없네
추풍에 지는 님 소리야 낸들 어이하리오

 님을 속여 월침삼경에도 올 뜻이 전혀 없는가. 추풍에 지는 잎 소리야 낸들 어찌하겠느냐. 님이 오기를 애타게 기다리고 있지만 님은 올 생각조차 없다. 잎지는 소리는 환청으로 들려왔고 진이는 낸들 어떻게 하겠느냐고 반문하고 있다.

  서경덕은 은둔의 선비로 처사의 길을 걸은 도학자였다.

송순 「꽃이 진다하고…」

곳이 진다 ᄒ고 새들아 슬허 마라
ᄇ람에 훗놀리니 곳의 탓 아니로다
가노라 희짓ᄂ 봄을 새와 므슴 ᄒ리오

청구영언(진본)·347

곳 : 꽃.
슬허마라 : 슬퍼마라.
훗놀리니 : 흩어져 날리니.
희짓ᄂ : 휘젓는. 방해하는. 희롱하는.
새와 : 시기하여. 시샘하여.
므슴 : 무엇.

송순(宋純. 1493, 성종 24 ~ 1582, 선조 15).
담양 출신으로 조선 중기 문신이다. 본관은 신평, 자는 수초 또는 성지, 호는 기촌 또는 면앙정이다. 면앙정가단, 강호가도의 선구자이다.『명종신록』을 찬수했으며 77세에 의정부 우참찬이 된 뒤 벼슬에서 물러났다. 14년 동안 면앙정을 오르내리며 유유자적 생활을 하다 90세의 일기로 세상을 떠났다. 「면앙정삼언가」, 「면앙정제영」 등 한시 505수, 가사 면앙정가」, 「자상특사황국옥당가」 등 시조 20여 수를 남겨놓았다.

■ 해설

꽃이 진다 하고 새들아 슬허마라
바람에 흩날리니 꽃의 탓 아니로다
가노라 휘짓는 봄을 새와 무슴 하리오

송순의 「을사사화가」이다. 얼핏 보면 「상춘가」로 보일지 모르지만 속뜻은 그렇지 않다.

'꽃이 진다고 새들아 슬퍼하지 말아라. 바람에 못 이겨 흩날리는 것이니 꽃의 탓이 아니로다. 떠나느라 훼방하는 봄인데 이를 어찌 미워하겠느냐'는 것이다.

꽃이 진다는 것은 죄 없는 많은 선비들의 죽음을, 새들은 이러한 세상의 꼴을 바라보고 있는 백성들이다. 바람은 을사사화를, 꽃은 선비들을 지칭하고 있다. 휘짓는 봄은 득세한 소윤 윤원형의 일파를 말한다. 새와 무삼하리오는 이를 어쩌겠느냐하는 것이다. 탄식과 체념이 섞인 노래로 당시의 시대상을 그대로 대변해 주고 있다.

어느 잔치 자리에서 기녀가 이 시조를 불렀다. 소윤의 일파인 진복창이 이 노래를 들었다. 그는 누군가를 비방하기 위해 이 노래를 지었다고 생각했다. 그래서 기녀에게 누가 지었느냐고 물었으나 기녀는 끝내 대답하지 않았다. 하마터면 송순이 필화를 당할 뻔했다.

송순은 온화하면서도 강직한 풍류를 아는 호기로운 재상이었다. 벼슬살이 50년 동안 단 한 차례 귀양살이를 했을 뿐이었다. 이황은 그를 일컬어 '하늘이 낸 완인(完人)'이라고 했으며 정철은 '조정에 있는 60여 년을 대로만 따랐다.'고 흠모해 마지않았다. 그는 보이지 않는 위대함, 그 자체였다.

이황 「청산은 어찌하여…」

靑山은 엇뎨 ᄒᆞ야 萬古애 푸르르며
流水는 엇뎨 ᄒᆞ야 晝夜애 긋디 아니는고
우리도 그치디 마라 萬古常靑 호리라

도산육곡판본·11

엇뎨 ᄒᆞ야 : 어찌하여.
만고(萬古) : 한없이 긴 세월, 아주 먼 옛적.
유수(流水) : 흐르는 물.
긋디 : 그치지. 끊어지지. 기본형은 '긏다'.
만고상청(萬古常靑) : 만고에 변함없이 늘 푸름.

이황(李滉 1501, 연산군 7 ~ 1570, 선조 3)
조선 중기 문신이며 본관은 진보, 자는 경호 호는 퇴계·퇴도·도수이다. 퇴계학파를 형성했으며 도산서당을 짓고 독서·수양·저술에 전념, 많은 제자를 길러냈다. 선조에게 「무진육조소」, 「성학십도」를 바쳤으며 「도산십이곡」을 비롯 다수의 시를 남겼다. 조식, 기대승 등과 교류하며 나눈 편지가 전하고 있다. 그의 학설은 임진왜란 후 일본에 소개되어 그 곳 유학계에 큰 영향을 끼쳤다.

■ 해설

청산은 어찌하여 만고에 푸르르며
유수는 어찌하여 주야에 그치지 아니는고
우리도 그치지 마라 만고상청하리라

도산십이곡 중 후 제 11곡이다. 전육곡은 '언지'로 뜻을, 후육곡은 '언학'으로 학문을 말한다.

이황은 60세에 도산서당을 짓고 아호를 '도옹'이라 했다. 거기서 7년간 독서와 수양·저술에 전념하며 많은 제자들을 길러냈다. 이때 「도산십이곡」을 지었다.

청산은 어찌하여 만고에 푸르르며 흐르는 물은 어찌하여 밤낮을 그치지 않는가. 우리도 그치지 않고 오랜 세월 변함없이 푸르리라. 영원히 학문의 길을 가겠다는 것이다.

이황은 죽을 때까지 학문의 길을 걸었다.

퇴계는 48세 되던 1548년 1월 충청도 단양 군수로 임명 받아 10개월간 재직한 적이 있었다.

여기에서 관기 두향을 만났다. 그녀는 자색이 뛰어났고 시·서·화에 능했으며 특히 매화와 난을 사랑했다. 두향은 매화 사랑이 남달랐던 퇴계에게 진귀한 매화분을 선물했다. 퇴계는 마음을 열었고 두향 역시 퇴계를 연모했으며 있는 날까지 그의 곁을 떠나지 않았다.

그해 10월 형 온계가 충청 감사로 와 퇴계는 상피제에 따라

임지를 풍기 군수로 옮겼다. 이때 그 매화분을 도산서원에다 옮겨다 심었다. 두향은 퇴계가 떠난 후 20년 동안 정절을 지켰다. 퇴계가 타계하자 퇴계와 노닐었던 강선대 기슭에 묻어달라는 유언을 남기고 목숨을 끊었다.

강선대는 충주댐이 생기면서 물에 잠겼다. 강선대 기슭에 있었던 두향의 묘소는 충주호가 들어서자 퇴계 후손들에 의해 신단양 제미봉 산기슭으로 옮겨졌다. 지금도 퇴계 후손이 그 묘소를 관리하고 제사를 지내고 있다.

도산 서당으로 옮겨온 매화는 오래전에 천수를 다했고 그 자목이 대를 이었다. 그러나 1996년 극진한 보살핌에도 고사하고 말았다. 지금은 손자뻘 되는 자목이 도산서당 옆뜰에서 자자손손 두 분의 사랑을 이어가고 있다.

1570년 12월 8일 아침, 평소에 사랑하던 매화분에 물을 주게 하고, 와석에서 일어나 의관을 정제한 뒤 앉은 채 운명했다. 향년 70세였다. 그가 타계하자 선조는 3일간 정사를 파하고 조회를 하지 않았다.

"상례와 석물을 화려하게 하지 말고 작은 비석이나 하나 세우라"

이렇게 유언했다. 묘지석에는 '퇴도만은진성이공지묘(退陶晩隱眞城李公之墓)'라고 쓰여있다.

성리학에 관한 다양한 저술을 남겼던 당대 최고의 이론가였던 동방의 주자, 이황. 그는 벼슬을 구치 아니하고 오로지 학문에만 열정을 쏟았다.

김인후 「엊그제 벤 솔이…」

엊그제 버힌 솔이 落落長松 아니런가
적은 덧 두던들 棟梁材 되리러니
어즈버 明堂이 기울면 어느 남기 바티랴

가곡원류(육당본)

버힌 : 벤.
낙락장송(落落長松) : 가지가 축축 늘어진 큰 소나무.
아니런가 : '아니던가'의 옛말.
적은 덧 : 잠깐 동안.
두던들 : 두엇더라면.
동량재(棟樑材) : 기둥이나 대들보가 될만한 재목.
되리러니 : '되겠더니'의 옛말.
명당(明堂) : 임금이 정사하는 곳. 조정이나 대궐의 뜻.
남기 : 나무가. '낡'은 나무의 옛말. '나모'에 주격조사 '이'가 개입한 ㄱ 곡용어.
바티랴 : 버티겠느냐.

김인후 (金麟厚 1510, 중종 5 ~ 1560, 명종 15).
조선 중기의 문신으로 전라남도 장성 출신이다. 본관은 울산, 자는 후지, 호는 하서·담재이다. 홍문관 박사 겸 세자시강원 설서를 역임, 당시 세자였던 인종을 가르쳤다. 세자가 그려준 묵죽도 한 폭과 김인후의 화제는 군신 사이의 모범적인 정의로 칭송받고 있다. 인종이 즉위 8개월만에 사망하고 을사사화가 일어나자 고향으로 돌아가 성리학 연구와 후학 양성에만 전념했다. 이기이원론의 견해를 취했으며 성경(誠敬)의 실천을 학문의 목표로 삼았다.

■ 해설

엊그제 벤 솔이 낙락장송 아니런가
적은 덧 두던들 동량재 되리러니
어즈버 명당이 기울면 어느 낡이 받치랴

벽서의 옥, 정미사화로 임형수가 사약을 받을 때이다. 10살도 채 안 된 아들을 불러 유언했다.
"글을 배우지 말라."
아이를 다시 불러 세웠다.
"글을 아니 배우면 무식한 사람이 될 터이니 글은 배우되 과거는 보지 마라."
43세였다. 모두가 형수의 죽음을 애통해했다. 이황은 "참으로 재주가 기이한 사람이었는데 죄없이 죽어 원통하구나." 하고 슬픔을 금치 못했다. 동량재는 훌륭한 인재인 임형수를 일컫는다. 명당은 임금이 신하들의 조현을 받는 정전이다. 여기서는 13세의 나이로 즉위한 명종의 조정을 가리키고 있다.

엊그제 베어진 솔이 낙락장송 아니던가. 잠깐 동안 두었던들 기둥감이 되었으리. 아, 조정이 기울면 어느 나무가 받칠 수 있으랴.

하서 김인후는 임형수의 죽음을 애통해해 위 시조, 「도임사수원사작단가(悼林士遂寃死作短歌)」를 지었다. 사수는 임형수의 자이다. 임형수는 하서와 교분이 두터웠다. 하서는 촉망되던 동량재의 희생을 이렇게 가슴 아파했다.

양사언 「태산이 놉다하되…」

泰山이 놉다ᄒ되 하놀 아레 뫼히로다
오르고 또 오로면 못 오를 理 업건마는
사룸이 제 아니 오르고 뫼흘 놉다 ᄒᄂ니

청구영언(진본)·374

태산(泰山) : 중국 산동성에 있는 산으로 오악 중의 동악. 높은 산의 대명사로 쓰임.
뫼히로다 : 산이로다.
못 오를 니(理) : 못 오를 까닭이.
제 : 제가.
뫼ㅎ : 메. 산. '뫼'는 고어에서 반드시 'ㅎ'이 개입되어 격변화하기 때문에 'ㅎ'개입체언이라 함. '-흘'은 '-을, 를'.
놉다 : 높다고만.

양사언(楊士彦, 1517. 중종12 ~ 1584. 선조17)
조선 전기의 문인, 서예가로 본관은 청주. 자는 응빙, 호는 봉래·완구·창해·해객이다. 대동승을 거쳐 삼등, 함흥 등 8고을의 수령을 역임했다. 안평대군, 김구, 한호 등과 더불어 조선 전기 4대 서예가로 불렸다. 남사고에게 역술을 배워 임진왜란을 정확히 예언하기도 했다. 형 양사준, 아우 양사기와 함께 글에 뛰어나 중국의 소식·소순·소철의 삼소에 견주어졌다.

■ 해설

> 태산이 높다하되 하늘 아래 뫼이로다
> 오르고 또 오르면 못 오를 리 없건마는
> 사람이 제 아니 오르고 뫼만 높다 하더라

태산이 높다고는 하지만 결국 하늘 아래 산이로다. 오르고 또 오르면 못 오를 리가 없는데 사람들은 오르지도 않고서 산만 높다고 하더라.

'동창이 밝았느냐'와 함께 너무나 잘 알려진 국민 시조이다. 노력만 하면 안 되는 일이 없다는 격언 같은 봉래 어록, '태산이 높대하되'는 노력의 대명사가 되었다.

많은 시인 묵객들이 금강산을 자주 들렀으나 그만큼 금강산을 사랑한 이도 드물었다. 그는 일생 산수를 즐기며 세상을 초연하게 살았다

봉래 양사언은 40년 간 관직에 있으면서 전혀 부정이 없었고 유족에게는 한푼도 재산을 남기지 않았다고 한다.

멋스럽게 산 신선 같은 시인, 묵객이었으며 도인이기도 했다. 그런 그가 노력의 대명사인 '태산이 …' 시조 한 수를 유산으로 남겨놓았다. 도인이 된 그도 세상을 살면서 노력이 얼마나 중요한 것인가를 뼈저리게 느꼈던 것 같다.

정철 「재너머 성권농 집에…」

재너머 成勸農 집의 술 닉닷 말 어제 듯고
누은 쇼 발로 박차 언치 노하 지즐 투고
아히야 네 勸農 겨시냐 鄭座首 왓다 ᄒᆞ여라

송강가사(성주본)·46
(이선본)·47

성권농(成勸農) : 성씨인 권농. 성혼을 가리킴. 권농은 지방의 방(坊), 리(里)
　　　에서 농사를 장려하는 사람.
술 닉닷 말 : 술 익었다는 말.
언치 : 안장 밑에 까는 털 헝겊.
지즐 투고 : 눌러타고. 기본형은 '지즐다'.
정좌수(鄭座首) : 정씨인 좌수. 정철 자신을 가리킴. 좌수는 향촌의 우두머리.

정철(鄭澈, 1536년, 중종 31 ~ 1593년, 선조 26)
조선 중기 때의 문신·문인. 서울출생. 본관은 연일(延日). 자는 계함(季涵), 호는 송강(松江). 돈녕부판관 유침(惟沈)의 아들이다. 어려서 하서 김인후 고봉 기대승에게서 글을 배우고 이이, 성혼 등과 사귐, 예조판서 우의정을 지냈으나 서인의 거두로 당쟁에 휩쓸려 파란곡절을 겪었다. 「관동별곡(關東別曲)」 등을 지은 당대 가사문학의 대가로 시조의 윤선도와 함께 한국 시가사상 쌍벽으로 일컬어진다.

■ 해설

　재너머 성권농 집에 술 익었단 말 어제 듣고
　누운 소 발로 박차 언치 놓아 지즐 타고
　아해야 네 권농 계시냐 정좌수 왔다 하여라

　산 넘어 성권농 집에 술 익었다는 말을 어제 듣고 누운 소를 발로 걷어차고는 안장도 없지 않고 깔개만 깔고 눌러 타고 갔다. 그리고는 성권농 집 앞에서 '정좌수 왔다 일러라'하고 아이를 불러재켰다. 성권농은 우계 성혼을 말한다.
　술도 다급했고 친구도 무척 보고 싶었었나 보다. 생동감과 박진감이 넘치고 상황 전개도 빠르다. 솔직한 품성, 소탈한 인간미, 자유분방한 성격이 문장에도 막힘이 없다.
　호방한 기질에다 술까지 좋아했으니 송강은 스스로를 광생(狂生)으로 자처했다. 자타가 공인하는 술꾼이라는 사실을 굳이 감추지 않았다.
　정철의 「장진주사」이다.

　　한 잔 먹세그려 또 한 잔 먹세그려 꽃 꺾어 산 놓고 무진무진 먹세그려
　　이 몸 죽은 후면 지게 위에 거적 덮어 주리혀 매어 가나 유소보장에 만인이 울어 예나 어욱새 속새 덥가나무 백양 숲에 가기곳 가면 누른 해 흰 달 가는 비 굵은 눈 소소리 바

람 불제 뉘 한 잔 먹자 할꼬
하물며 무덤 위에 잔나비 파람 불 제 뉘우친들 어찌리

　허무하기 짝이 없는 것이 인생이다. 한잔 먹고 또 한 잔 먹세 그려. 꽃 꺾어 술잔을 세며 무진 무진 먹세그려. 이 몸 죽은 후면 지게 위에 거적 덮어 줄로 꽁꽁 매어가나, 곱게 꾸민 상여를 만인이 울며 따라오거나, 억새풀, 속새(풀이름), 떡갈나무, 백양 숲에 들어가면 누른 해, 흰달, 가는 비, 굵은 눈, 소소리 바람 불 때 누가 한 잔 먹자고 할 것인가. 하물며 무덤 위에 원숭이가 휘파람 불 때 그대야 뉘우친 들 어쩔 것인가.
　처연한 정서가 심금을 울리고 있다. 향락주의적인 권주가이기는 하나 술과 노래와 풍류가 있어 정철의 깊은 사유를 읽을 수 있다. 장진주사야말로 고금의 술의 대명사요, 아름다운 슬픔이다. 송강이 아니고는 누가 이렇게 술과 인생을 그려낼 수 있을 것인가.
　술을 그렇게도 좋아했던 풍운아, 정철. 술 때문에 항상 속을 끓이고 사람들의 입방에 오르내렸던 정철이다. 그는 숱한 정치의 질곡을 지나오면서 파란만장한 삶을 술에 의지해 잊으려고 했다. 그러나 그도 결국 강화에서 비참한 생을 마쳤다. 죽어서도 관작이 삭탈되는 수모까지 겪었다. 지나친 원칙주의자로 숱한 정적을 만들어 냈던 정철. 천고의 간흉이라는 소리를 듣기도 했으나 여린 감정을 유려한 필치로 풀어낸 그의 주옥 같은 시문들은 영원히 남아 후세에 전하고 있다.
　정철은 당대 가사문학의 대가로서 시조의 고산 윤선도와 함께 한국 시가사상 쌍벽으로 일컬어진다. 문집으로『송강집』,『송강가사』,『송강별추록유사』, 작품으로는 시조 70여 수가 전한다.

한호 「짚방석 내지마라…」

집 方席 내지 마라 落葉엔들 못 안즈랴
솔불 혀지 마라 어제 진 둘 도다온다
아히야 薄酒 山菜 ㄹ 만졍 업다 말고 내여라

청구영언(진본) · 319

집방석(方席) : 짚으로 만든 방석.
솔불 : 관솔불.
혀지 : 켜지.
박주산채(薄酒山菜) : 막걸리와 산나물.

한호(韓濩, 1543년, 중종 38 ~ 1605년, 선조38)
선조 때의 서예가로 본관은 삼화, 자는 경홍, 호는 석봉·청사이다. 호 석봉은 석봉산 아래에서 살았다해서 붙여진 이름이다. 사자관, 서사관을 역임했으며 가평군수를 지냈다. 한석봉으로 더 잘 알려져 있으며 김정희와 쌍벽을 이루는 서예가로 해·행·초 등 각 서체에 모두 능했다.

■ 해설

짚방석 내지 마라 낙엽엔들 못 앉으랴
솔 불 켜지 마라 어제 진 달 돋아온다
아해야 탁주산채일망정 없다 말고 내어라

짚방석이라도 내놓으려 하는데 낙엽 위에 앉겠다는 것이다. 관솔불 밝히려는데 달이 돋아오니 켜지 말라는 것이다. 얘야 잡곡으로 빚은 막걸리, 산에서 캐온 산나물이지만 없다 말고 내놓으라는 것이다. 짚방석 대신 낙엽, 솔불 대신 달빛이면 되지 그 이상의 무엇이 필요하겠느냐. 소박하고 운치가 있어 자연 그대로가 격식에 어울린다는 것이다.

호 석봉은 석봉산 아래에서 살았다해서 붙여진 이름이다.

한미한 집안이었음에도 그가 출세의 길을 걸은 것은 선조의 호평 때문이었다. 선조는 한호의 큰 글씨를 보고 "기이하고 장대하기가 측량할 수 없다"고 감탄했다. 그에게 어선(御膳)과 어주를 하사했고, 사자관이던 그에게 문반 벼슬을 제수하기도 했다. 그런 배려로 한호는 정랑과 가평군수 등을 역임하기도 했다.

3부
조선중기

이순신 「한산섬 달 밝은 밤에…」

閑山셤 둘 볼근 밤의 戌樓에 혼자 안자
큰 칼 녀픠 추고 기픈 시룸 ㅎ는 적의
어듸셔 一聲胡笳는 눔의 애롤 긋ᄂ니

청구영언(진본)·111

한산(閑山)섬 : 거제군에 딸려 있는 작은 섬. 이순신이 임진왜란 때 싸워 크게 이긴 섬.
수루(戌樓) : 수자리 터에 세운 적을 감시하는 망루. '수자리'는 국경지대를 지키는 임무. 적의 동정을 살피기 위해 성 위에 만든 누각.
녀픠 : 옆에.
시룸 : 근심.
ㅎ는 적의 : 하는 때에.
일성호가(一聲胡笳) : 한가닥 오랑캐의 피리소리. 호가는 호인들이 갈잎을 만들어 불던 것으로 그 소리가 매우 애처로움.
애 : 창자.
긋ᄂ니 : 끊느냐.

이순신(李舜臣, 1545년, 인종 1년 ~ 1598년, 선조 31)
조선중기의 명장. 본관은 덕수, 자는 여해로 32세에 무관에 합격, 무인의 길을 걸었다. 임진왜란 시 삼도수군통제사가 되어 전투마다 승리를 거두어 왜군을 물리치는데 큰 공을 세웠다. 한때 원균의 모함으로 하옥, 다시 풀러나 명량 해전에 대승했으며 노량 싸움에서 적을 섬멸했으나 적의 유탄에 맞아 54세의 나이로 순국했다. 시호는 충무이다.

■ 해설

한산섬 달 밝은 밤에 수루에 혼자 앉아
큰 갈 옆에 차고 깊은 시름 하는 적에
어디서 일성호가는 나의 애를 끊나니

이순신은 통제사에 재기용되었다. 남해 등지를 살폈으나 군사 120인에 병선 12척이 전부였다. 도저히 왜군과 맞설 수 없는 형편없는 전비였다. 조정에서는 수군을 폐하고 육군만으로 적을 공략하라고 했다. 그러나 이순신은 이의 불가함을 아뢰었다.

"신이 아직 죽지 않았고 열두 척의 배가 있으니(微臣不死 尚有十二) 죽을힘을 다해 싸울 뿐입니다."

조정의 만류에도 불구하고 이순신은 비장한 결의로 전투에 임했다.

마침내 명량해전에서 대승을 거두었다. 12척으로 133척의 적군과 대결하여 31척을 부수는 대전과를 올렸다. 통제사로 재부임한 뒤의 최초의 대첩이었고 수군의 사기를 진작시킨 대 해전이었다. 명량 대첩은 풍전등화였던 나라를 구한, 역사에 길이 남을 일대 사건이었다.

1598년 11월 19일 일본군은 퇴각하기 위해 500여 척의 전 병력을 노량 앞바다에 집결했다. 조선 수군은 명나라 수군과 함께 적의 퇴로를 막고 총공격을 감행했다.

이순신은 진두에 퇴각하는 적선을 향해 맹공격을 가했다. 포연이 하늘을 덮었다. 적선 400척을 격침시키고 일본 수군 수만명을 도살 또는 수장시켰다. 도망친 적선은 겨우 50여척에 불과했다.

그러나 이순신은 도망가는 왜군을 끝까지 추격하다 그만 적의 유탄에 맞아 쓰러졌다.

"싸움이 바야흐로 급하니 내가 죽었다 말고 독전을 계속하라."

이순신은 마지막 말을 아들 회에게 남기고 54세의 나이로 눈을 감았다.

이문욱은 장군의 시신을 가리고 둥둥둥 북을 울렸다. 깃발을 휘두르며 독전을 계속했다. 군사들은 분전하며 퇴각하는 왜군을 모조리 섬멸시켰다. 죽은 이순신이 산 왜군을 물리친 것이다.

명나라 장수 진린은 싸움이 끝난 후에야 장군의 죽음을 알았다. 그는 배에서 세 번씩이나 엎어지면서 실로 고금에 그만한 이는 다시는 없다고 했다.

노량해전의 대승으로 지루했던 7년간의 임진왜란은 드디어 막을 내렸다. 한 사람의 위대한 희생이 전쟁을 일시에 종식시킨 것이다.

일본에서는 이순신을 동양의 넬슨이라고 칭송했다.

한산섬 달 밝은 밤에 수루에 혼자 앉아 큰 칼을 옆에 차고 깊은 시름 하는 때에 어디서 들려오는 피리 소리가 나의 창자를 끊는 듯하구나.

국운이 장군의 두 어깨에 달려 있을 때 홀로 적군과 맞서

싸웠던 장수의 우국충정이 시조에 고스란히 녹아있다. 나라의 운명이 어찌 전개되고 있었는지 이 시조 하나만으로도 당시의 상황을 충분히 짐작할 수 있다.

김장생 「십년을 경영하여…」

十年을 經營ᄒᆞ여 草廬三間 지여내니
나 ᄒᆞᆫ 간 ᄃᆞᆯ ᄒᆞᆫ 간에 淸風 ᄒᆞᆫ 간 맛져 두고
江山은 들일 듸 업스니 둘러 두고 보리라

청구영언(진본) · 370

경영(經營) : 애써 일을 하여, 계획하고 애씀.
초려삼간(草廬三間) : 초가삼간.
맛져 두고 : 맡겨두고.
들일 듸 : 들일 곳이.

김장생(金長生, 1548년, 명종 3 ~ 1631년, 인조 9)
조선 중기의 정치가·예학 사상가. 서울 출신으로 본관은 광산, 자는 희원, 호는 사계이다. 이이의 제자이자 송시열의 스승으로, 조선 예학의 태두이다. 인목대비 폐모논의가 일어나고 북인이 득세하자 낙향하여 예학 연구와 후진 양성에 힘썼다. 김장생의 예학은 아들 신독재 김집에게 계승되었고, 이후 우암 송시열에게 전해져 서인을 중심으로 한 기호학파로 발전했다. 저서에 『의례문해』, 『근사록석의』 등이 있다.

■ 해설

    십년을 경영하여 초려삼간 지어내니
    나 한 간 달 한 간에 청풍을 맡겨두고
    강산은 들일 데 없으니 둘러두고 보리라

  공간을 자유자재로 배분하는 솜씨가 능수 능란하다. 십년을 노력해서 초가삼간을 마련했다. 그것을 나 한 간, 달 한 간 나머지 한 간은 청풍에 맡겨둔다는 것이다. 그리고 강산은 들일 데가 없어서 병풍처럼 둘러두고 보겠다는 것이다. 문틈으로 바람이 지나가고 지붕 틈으로는 달이 보이는 초라한 초가삼간이다.
  자연이 주는 혜택이 무진장하니 초가삼간이라도 자연을 둘러두고 마음껏 즐기겠다는 것이다. 그는 자주 조정에 불려나갔으나 전원으로 돌아와 이런 생활을 실천했다.
  이괄의 난이 일어났을 때는 77세의 고령에도 피난길의 인조를 공주까지 호종했고, 정묘호란이 일어났을 때는 80 노구를 이끌고 의병을 모집했고 강화도 행궁에 입시하는 등 임금에 대한 예를 다했다.
  1688년 문묘에 배향되었으며, 연산의 돈암서원을 비롯, 안성의 도기서원 등 10여 개의 서원에 제향되었다. 시호는 문원이다. 그는 의론이 화평하고 각박한 말은 하지 않았지만 시비와 사정은 엄격하게 따졌다고 한다. 사계는 이렇게 꼿꼿한 선비였다.

박인로 「반중 조홍감이…」

盤中 早紅감이 고아도 보이ᄂ다
柚子 아니라도 품엄 즉 ᄒ다마ᄂ
품어가 반기 리 업슬 시 글로 셜워 ᄒᄂ이다.

노계선생 문집·1
손씨수견록·33

반중(盤中)조홍(早紅)감 : 상위에 놓인 일찍 익은 붉은 감
보이ᄂ다 : 보인다
유자(柚子) : 귤의 일종으로 귤보다 작음
업슬 시 : 없는 까닭으로
글로 : 그런 이유로

박인로(朴仁老, 1561, 명종 16 ~ 1642, 인조 20)
영천 출생으로 조선 중기의 문인이자 무인이다. 본관이 밀양. 자는 덕옹이며 호는 노계·무하옹이다. 무과에 급제하여 수문장·선전관을 지냈으며 가사문학 발전에 크게 이바지했다. 송강 정철과 고산 윤선도와 더불어 조선조 3대 작가로 꼽히고 있다. 전반생은 임진왜란에 종군한 무인으로 후반생은 독서와 수행으로 선비로 살았다. 문집으로 『노계집』, 작품에 「태평사」, 「사제곡」, 「누항사」 등이 있다.

■ 해설

반중 조홍감이 고아도 보이나다
유자 아니라도 품음직도 하다마는
품어 가 반길 이 없을 새 글로 설워 하노라

여헌 장현광이 성리학을 배우러 온 노계에게 조홍감을 대접했다. 여헌은 그것을 소재로 노계에게 시조를 지어보라고 했다. 노계는 '육적회귤' 고사를 들어 이 시조를 지었는데 이것이 '조홍시가' 4수 중 첫수이다.

소반에 담긴 붉은 감이 곱게도 보이는구나. 유자가 아니라도 품 안에 넣고 싶지만 그리한다 해도 반가워할 어머니가 안 계시니 그것이 서럽구나.

한음 이덕형이 영천에 도체찰사로 있을 때였다. 박인로가 이덕형을 찾아갔다. 한음도 조홍감을 내놓았다. 한음이 노계에게 「조홍시가」 첫 수를 들어, 나머지 3수를 더 짓도록 했다. 노계는 나머지 3수를 지었다. 이렇게 해서 「조홍시가」 4수가 완성되었다.

둘째 수는 효자들의 고사를 인용, 효도하겠다는 심정을, 셋째 수는 나이 드신 부모님이 더디 늙으시기를 바라는 마음을, 끝수는 현인군자들과 교유하고 있는 유자로서의 자긍심을 표현했다.

가사가 9편이고 시조가 68수나 된다. 그는 조선 작가 중 가장 많은 가사와 시조를 남겨놓았다. 말년에는 천석을 벗하며 청빈낙도의 삶을 살다가 1642년 82세의 나이로 졸했다. 영천 도계서원에 제향되었으며 거기에 그의 묘소가 있다. 영천 도천리와 포항시 입암리에 그의 시조비가 세워져 있다.

 전반기의 삶은 무인으로 후반기의 삶은 선비로 그 어디에도 치우치지 않고 최선을 다했던 노계, 박인로이다. 밖으로는 나라에 충성했고 안으로는 자신의 청빈낙도를 실천했던 그는 진정한 무인이면서 문인이기도 했다.

신흠「냇가에 해오랍아…」

냇て에 히오라바 므스 일 셔 잇는다
無心ᄒᆞᆫ 져 고기를 여어 므슴 ᄒᆞ려는다
아마도 ᄒᆞᆫ 믈에 잇거니 니저신들 엇ᄃᆞ리

청구영언(진본)·122

히오라비 : 해오라비(白鷺)야.
므스일 : 무슨 일.
셔 잇ᄂᆞᆫ다 : 서 있느냐.
여어 : 엿보아. 노려보아.
므슴 ᄒᆞ려는다 : 무엇하려느냐.
ᄒᆞᆫ 믈 : 같은 물.
니저신들 : 잊으신들.

신흠(申欽, 1566, 명종 21 ~ 1628, 인조 6).
조선 중기 때의 문신으로 본관은 평산, 자는 경숙, 호는 현헌·상촌·현옹·방옹이다. 이정구·장유·이식과 함께 월상계택으로 조선 중기 한학 4대가의 한 사람이다. 뛰어난 문장력으로 대명 외교 문서 제작, 시문 정리, 각종 의례문서 제작에 참여했다. 계축화옥 때 파직되었고 인목대비 폐비 사건으로 춘천에 유배, 인조반정 후 우의정으로 발탁되었다. 정묘호란이 일어나자 좌의정으로 세자를 수행하여 전주까지 피난을 갔다. 저서에 『상촌집』이 있다.

■ 해설

냇가에 해오랍아 므스 일 서 있난다
무심한 저 고기를 여어 므슴 하려난다
아마도 한 물에 있거니 잊으신들 어떠리

광해군은 신흠 등 일곱 대신과 그 외 수십 명을 가두고 인목 대비의 친정아버지 김제남과 그의 세 아들을 죽였다. 그리고 영창대군을 강화도에 위리안치, 강화부사 정항으로 하여금 소사시키도록 했다.

대북파가 소북파를 숙청한 대사건이었다. 이 사건으로 무고한 많은 선비들이 한꺼번에 죽임을 당했다. 이를 계축화옥이라 한다.

'냇가에 해오랍아 무슨 일로 서 있느냐. 무심한 저 고기를 엿보아 무엇하려하느냐. 아마도 한 물에 있으니 잊으신들 어떻겠느냐'는 것이다.

같은 조정에 있으면서 서로 협조할 일이지 타투어서 어디 쓰겠느냐. 겉으로야 점잖은 체 충고를 했지만 실은 피비린내 나는 계축화옥을 빗대어 읊은 것이다. 해오라기는 반대파를 제거하려는 대북파 정치인들을, 고기는 선량한 선비들을 비유했다.

김덕령 「춘산에 불이 나니…」

春山의 불이 나니 못다 핀 쏫 다 븟는다
져 뫼 져 불은 쓸 물이나 잇거니와
이 몸의 니 업슨 불이 나니 쓸 물 업서 ᄒ노라

김충장공유사
근화악부·378

쏫 : 꽃.
븟는다 : 붙는다.
쓸 물이나 : 끌 수 있는 물이나.
니 : 연기.

김덕령(金德齡, 1567년, 명종 22년 ~ 1596년, 선조 29)
선조 때의 의병장으로 자는 경수, 광주 출신으로 성혼의 문인이다. 임진왜란이 일어나자 의병을 일으켜 왜병을 크게 무찔러 익호장군의 호를 받았다. 이듬해 의병장 곽재우와 함께 여러 차례 왜병을 격파하였다. 이몽학의 난 때 이몽학과 내통했다는 무고로 고문을 받고 옥사했다.

■ 해설

춘산에 불이 나니 못다 핀 꽃 다 붙는다
저 뫼 저 불은 끌 물이나 있거니와
이 몸에 내 없는 불이 나니 끌 물 없어 하노라

김덕령이 죽기 전에 지었다는 「춘산곡 春山曲」이다.

억울하고 원통한 화자의 심정을 '불'이라는 제재를 통해 토로하고 있다. 불은 임진왜란을 지칭하고 있다. 한창 임진왜란이라는 엄청난 재난에 못다 핀 꽃들의 봄산에 불이 붙었다는 얘기이다. 그 불이 온 나라를 덮었다 해도 끌 수 있는 물은 있는데 이 몸의 연기 없는 불길은 끌 수가 없다는 것이다.

당시의 억울하게 모함을 받은 비통한 심정이 이 시조에 그대로 녹아 있다.

광주시 북구 금곡동에는 김덕령의 충훈을 추모하고 있는 사당 '충장사'가 있으며 또한 형 덕홍·아우 덕보와 함께 병향된 '의열사'가 있다.

지금의 광주시 한복판의 충장로는 의병장 충장공 김덕령 장군의 충정을 기리기 위해 붙여진 지명이다.

무등산 기슭 석저촌(현 충효동)에서 태어난 김덕령 장군은 뜀바위에서 담력을 키우고, 삼밭실에서 무예를 닦는가 하면 백마능선에서 흰 말을 타고 달리면서 기개를 키웠다고 전해지고 있다.

광주의 민중들은 충장공의 기개가 무등산에서 비롯됐고 그 정신이 광주의 정신이라 얘기들을 하고 있다.

죄 없이 그가 죽음에까지 이른 것은 그의 결백을 가려주지 않은 조정중신들의 혼란한 당쟁과 그의 용력을 시기한 다른 장군들의 무고, 이몽학이 군졸을 모으기 위해 그이 이름을 내세웠던 점, 그리고 그를 의심한 용렬한 왕 때문이었다.

이항복 「철령 높은 봉에…」

鐵嶺 노픈 峯에 쉬여 넘는 저 구룸아
孤臣寃淚를 비 사마 씌여다가
님 계신 九重深處에 쑤려 본들 엇두리

청구영언(진본) · 103

철령(鐵嶺) : 강원도 회양에서 함경도 안변으로 넘어가는 높은 재.
쉬여 넘는 : 쉬었다 넘는.
고신원루(孤臣寃淚) : 외로운 신하의 억울한 눈물.
구중심처(九重深處) : 아홉겹으로 둘러쌓인 깊고 깊은 곳. 임금님이 계신 궁중.

이항복(李恒福, 1556년, 명종 11 ~ 1618년, 광해군 10)
조선 선조 때의 문신으로 본관은 경주, 자는 자상, 호는 필운, 백사이다. 오성대감으로 널리 알려졌으며 권율 장군의 사위이다. 죽마고우인 이덕형과의 기지와 작희에 얽힌 이야기로 더욱 알려진 인물이다. 임진왜란 때 병조 판서로 활약했으며, 뒤에 벼슬이 영의정에 이르렀다. 임진왜란 시 선조의 신임을 받았으며, 전란 후에는 수습책에 힘썼다. 광해군 때에 인목 대비 폐모론에 반대하다 북청으로 유배, 배소에서 죽었다. 저서에 『백사집』, 『북천일록』, 『사례훈몽』 등이 있다.

■ 해설

철령 높은 봉에 쉬어 넘는 저 구름아
고신원루를 비 삼아 띄워다가
님 계신 구중심처에 뿌려본들 어떠리

철령 봉우리에 쉬어 넘는 저 구름아, 외로운 신하의 눈물을 비 삼아 띄워다가, 님계신 구궁심처에 뿌려본들 어떻겠느냐.

비통한 마음을 알아달라는 신하의 눈물겨운 시조이다.

인목대비 친정아버지, 김제남도 사사되었고, 아들 영창대군도 살해되었다. 이제는 왕후 인목대비였다. 1614년 인목대비의 폐서인 논의가 있었다. 이항복은 이를 극력 반대했다. 백사는 삭탈 관직, 인목대비는 폐위되었다. 1618년 이항복은 함경도 북청으로 유배되었다. 그는 60세의 노구를 끌고 유배길에 올랐다.

길을 떠날 때 돌아오지 못할 것을 헤아려 백사는 가족들에게 염습할 제구를 가지고 뒤따르게 했다.

유배길 철령에서 그는 시조 한 수를 읊었다.

이 노래가 곧 서울, 궁중에까지 퍼졌다.

어느 날 후원에서 잔치가 있었다. 광해군이 이 노래를 들었다.

"누가 지은 것이냐?"

궁녀가 사실대로 대답했다.

광해군은 추연히 눈물을 흘리고 잔치를 파했다. 자신의 잘

못을 뉘우쳤다. 만고의 충신 백사였으나 권신들 때문에 끝내 불러오지 못했다. 백사와 광해군은 임란 때 분조(分朝)에서 함께 동고동락했었다.

해학과 기지로 일생을 풍미했던 오성대감은 배소에서 63세의 일기로 세상을 떠났다.

홍서봉 「이별하던 날에…」

離別 ᄒ던 날에 피눈물이 난지 만지
鴨綠江 ᄂ린 물이 프른 빗치 젼혀 업ᄂ
ᄇᆡ 우희 허여 셴 沙工이 처음 보롸 ᄒ드라

청구영언(진본)·110

난지만지: 난둥 만둥.
ᄇᆡ 우희 : 배 위에.
허여 셴 : 허옇게 머리가 센.
보롸 : 본다. 보노라.

홍서봉(洪瑞鳳, 1572, 선조 5 ~ 1645, 인조 23).
조선 중기의 문신으로 본관은 남양 자는 휘세 호는 학곡이다. 대북파의 전횡을 탄핵하다 벼슬에서 물러났다. 인조반정 후 이조판서 등을 거쳐 우의정에 이르렀으며 병자호란 때에는 최명길과 함께 화의를 주장했다. 청나라에서 귀국한 소현세자가 급사하자 봉림 대군의 세자 책봉을 반대하고 세손으로 적통을 잇도록 주장했으나 용납되지 않았다. 저서에 『학곡집』이 있다.

■ 해설

　　이별 하던 날에 피눈물이 난지 만지
　　압록강 내린 물이 푸른 빛이 전혀 없네
　　배 우희 허여 센 사공이 처음 본다 하더라

　위 시조는 병자호란의 「비탄가」이다. 김상헌과의 이별은 참담했다. 이별하던 날에 피눈물이 났지마는 압록강 내린 물은 푸른빛이 전혀 없다고 했다. 얼마나 무기력하고 황망했으면 압록강 푸른 물이 푸르게 보이지 않았을까. 사공은 그런 것을 처음 본다고 했다. 제삼자인 늙은 사공의 입을 빌어 자신의 참담한 심경을 말하게 했다. 정치적 입장이 달라 어쩔 수 없이 친구를 사지로 보내야 했던 홍서봉이었지만 그의 비정한 마음이 비탄가에 고스란히 담겨있다.
　홍서봉은 최명길과 함께 사직을 보존하고자 했고 김상헌은 오랑캐에 굴복하기를 거부함으로써 대의를 세우고자 했다.
　김상헌은 서울을 떠나면서 "가노라 삼각산아 다시보자 한강수야"라고 읊었다. 일행은 지금 압록강을 건너고 있다. 강물도 핏빛으로 물들어 있는 그 압록강이다.

김응하 「십년 갈은 칼이…」

십년 ᄀ온 칼이 匣裡에 우노미라
關山을 ᄇ라보며 째째로 ᄆ져보니
丈夫의 爲國功勳을 어니 째에 드리올고

청구영언(진본)·375

갑리(匣裡) : 칼 집 속
우노매라 : 우는구나. '~노매라'는 감탄형 종결어미.
관산(關山) : 중국 북방 변경에 있는 산. 여기서는 변방이나 국경을 말함.
위국공훈(爲國功勳) : 나라를 위한 공훈

김응하(金應河, 1580, 선조 13 ~ 1619, 광해군 11)
선조 광해군 때의 무신이다. 철원 출신으로 고려의 명장 김방경의 후손이다. 25살에 무과에 급제했으나 말직을 전전했다. 병조판서 박승종의 추천으로 선전관에 제수되었으나 권신들의 질시로 파직되었다. 29살에 박승종이 전라도 관찰사가 되자 비장으로 기용되었고 31살에 다시 선전관으로 임명되었다. 영의정 이항복에 의해 경원판관으로 발탁된 뒤 삼수군수·북우후 등을 역임했다. 조선 중기의 무신. 건주위를 치려고 명나라에서 원병 요청을 하자 참전했다. 명나라 유정이 패하여 자결하자 수만 명의 후금군을 맞아 싸우다가 중과부적으로 패해 전사했다.

■ 해설

십년 갈은 칼이 갑리에 우노매라
관산을 바라보며 때때로 만져보니
장부의 위국공훈을 어느 때에 드리올고

그가 변방으로 나간 30대 이후의 작품이다.

십년 동안 갈고닦은 무술을 갑 속의 우는 칼로 비유했다. 변방을 바라보며 때때로 칼을 만지면서 그런 날이 오기를 기다리고 있다. 어느 때 장부의 위국공훈을 세울 것인가 하고 자신의 포부를 밝히고 있다.

1618년(광해군 10) 명나라가 조선에 원병을 청했다. 이 때 평안도 좌조방장, 선천군수로서 부원수 김경서의 조방장이 되었다. 이듬해 2월 도원수 강홍립을 따라 압록강을 건너 후금 정벌에 나섰다. 유정과 강홍립이 이끄는 조명 연합군은 심하의 부차에서 후금에 대패했다. 강홍립은 기회를 보아 청군에 항복하려 했으나 김응하는 명나라에 대한 의리를 지켜 끝까지 분전했다. 그러나 중과 부적으로 전사하고 말았다. 명나라는 그런 그에게 요동백에 봉하고 용민관에 차관을 보내어 제사를 지내주었다.

『연려실기술』은 이렇게 말했다.

적병이 뒤에서 창을 던지니 목숨이 끊어졌지만 오히려 칼자루를 놓지 않고 노기가 발발하니 적이 감히 앞에 나서지 못하였다. 오랑캐의 추장이 시신을 묻으려 했는데 공의 시체만은 썩지도 않은 채 칼자루를 쥐고 있었다.

김육 「자네 집에 술 익거든…」

좌내 집의 술 닉거든 부듸 날 부르시소
내집의 곳 픠여든 나도 좌내 請(청)히옴시
百年(백년) 쎳 시름 니즐 일을 議論(의논)코져 ᄒᆞ노라

청구영언(진본)·208

좌내 : 자네. 친구나 아랫사람을 높여 이르는 이인칭 대명사.
닉거든 : 익거든.
픠여든 : 피거든.
청(請)히옴시 : 청함세. 청하겠네.
백년(百年) 쎳 : 백년 동안.
시름 니즐 : 시름 잊을.

김육(金堉, 1580, 선조13 ~ 1658, 효종9)
조선 중기의 문신. 실학자이다. 관은 청풍이며 자는 백후, 호는 잠곡·회정당이다. 김식의 고손자이다. 김식은 기묘사화 때 절명시를 남기고 자결했던 기묘 팔현의 한 사람이다. 한성부 우윤·도승지·우의정·영의정 등을 지냈다. 17세기 후반의 공납제도의 폐단을 혁파하기 위해, 대동법 실시를 주장하였다. 저서에 『구황촬요』 등 편찬, 『잠곡필담』, 『조천일기』 등이 있다.

■ 해설

자네 집에 술 익거든 부디 날 부르시소
내 집에 꽃 피여든 나도 자네 청하옵세
백년 덧 시름 없을 일을 의논코자 하노라

그는 남들처럼 강호자연의 안빈낙도를 노래하지 않았다. 국가 경영의 원대한 꿈을 노래했다. 이웃에 사는 친구에게 술이 익거든 나를 불러달라 청했다. 초당에 꽃이 피면 나도 자네를 부르겠다는 것이다. 함께 걱정 없는 국가의 백년 대계를 논의하자는 것이다. 그는 평생 민생을 위해 일했으니 그런 그였기에 이 시조는 더욱 애착이 간다.

김육은 1636년 성절사로 명나라 연경에 갔다. 거기에서 병자호란과 인조의 항복 소식을 들었다. 귀국 후 남긴 『조천일기(朝天日記)』는 명나라 조선사절의 다지막 여행 기록으로 매우 귀중한 자료이다.

그는 왜란과 호란의 초유의 국난 시기를 살았던 인물이다. 급박했던 전후 복구에 가장 영향력을 발휘했던 인물 중의 한 사람이다.

그는 대동법안을 유언으로 상소할 만큼 대동법에 대한 강한 의지와 집념을 보였던 인물이다.

김육은 대동법의 대명사이다. 그는 청렴했다.

홍익한 「수양산 내린 물이…」

首陽山 ᄂᆞ린 물이 夷齊의 寃淚ㅣ되야
晝夜不息ᄒᆞ고 여흘 여흘 우는 ᄯᅳᆺ은
至今에 爲國忠誠을 못ᄂᆡ 슬허 ᄒᆞ노라

악학습령 · 265

수양산(首陽山) : 중국의 산서성에 있는 산으로 이제가 여기에서 끝내 아사했다고 함.
이제(夷齊) : 백이·숙제.
원루(寃淚) : 원통한 눈물.
주야불식(晝夜不息) : 밤낮으로 쉬지 않음.
여흘여흘 : 강이나 개울의 물살이 빠르게 좔좔 흐르는 모양.
위국충정 : 나라를 위한 충성심.
슬허 : 슬퍼.

홍익한(洪翼漢, 1586, 선조19 ~ 1637, 인조15)
조선 중기의 문신. 본관은 남양. 초명은 습, 자는 백승 호는 화포·운옹이다. 오달제, 윤집과 함께 병자 삼학사의 한사람이다. 병자호란이 일어나자 최명길의 화의론을 극력 반대하다 청나라에 잡혀가 죽었다. 적들이 감탄하여 '삼한삼두(三韓三斗)'의 비(碑)를 세웠다.

■ 해설

수양산 내린 물이 이제의 원루되어
주야불식하고 여흘여흘 우는 뜻은
지금에 위국충성을 못내 슬퍼하노라

수양산에 내린 물이 이제의 눈물이 되어 그들의 눈물이 밤낮을 쉬지 않고 흐르는 것은 지금의 위국충정을 못내 슬퍼한 까닭이라는 뜻이다. 홍익한의 강인한 면모가 잘 드러난 시조이다.

자신의 명분론을 주야로 쉬지 않고 흐르는 수양산의 물에 비유했다. 나라의 체면을 세우지 못하고 존명의리를 밝히지 못해 슬프다고 토로했다. 백이숙제의 뜻을 이루지 못하고 있음을 한탄하고 있는 것이다.

홍익한은 오달제, 윤집과 함께 병자 삼학사의 한사람이다. 병자호란이 일어나자 최명길의 화의론을 극력 반대하다 청나라에 잡혀가 죽었다.

1636년 인조 14년 12월 청태종이 10만 대군을 이끌고 조선을 침입해 왔다. 병자호란이다.

후처 허씨가 적을 만나자 전처 소생의 아들 수원이 몸으로 막다가 칼에 맞아 죽었다. 허씨는 강물에 몸을 던져 자살했고, 며느리 이씨는 스스로 목을 찔러 자결했다. 아들 수인 역시 강화도 마니산에서 피살당했다. 출가한 딸을 제외하고 모두가 죽어 일가가 전멸했다. 이 난으로 두 아들과 사위가 적에게 죽임을 당했고 아내와 며느리도 적에게 붙들리자 자결했다. 이 난으로 늙은 어머니와 딸 하나만이 살아남았다.

송시열은 『삼학사전』에서 "일월의 밝음이여, 산악의 높음이여, 그 누가 그와 더불어 높고 밝으랴! 오직 화포공의 절개뿐이로다." 했다.

그는 화친을 배척한 사람의 우두머리로 지목되어 오달제·윤집과 함께 청나라로 잡혀가 거기에서 죽임을 당했다.

윤선도 「내 벗이 몇이나 하니…」

내 버디 몇치나 ᄒ니 水石과 松竹이라
東山의 ᄃᆞᆯ 오르니 긔 더옥 반갑고야
두어라 이 다ᄉᆞᆺ 밧긔 쏘 더ᄒᆞ야 무엇ᄒᆞ리

고산유고 · 13
고산가첩 · 13

버디 : 벗이.
반갑고야 : 반갑구나.
다ᄉᆞᆺ : 다섯.
밧긔 : 밖에.

윤선도(尹善道, 1587, 선조20 ~ 1671, 현종12)

조선 중기의 문신, 시조작가이다. 본관은 해남, 자는 약이 호는 고산·해옹이다. 서울에서 태어났으나 숙부에게 입양되어 해남에서 자랐다. 광해군 4년(1612) 별시에 급제 성균관 유생으로 당시 이이첨 일파의 불의를 밝힌 병진소를 올려 조야를 놀라게 했다. 이 일로 경원으로 유배, 인조반정으로 13년 만에 풀려나 봉림·인평 양대군의 사부가 되었다. 병자호란 때 임금을 호종치 않았다는 이유로 영덕으로 귀양 갔고 곧 풀려나 고향으로 내려갔다. 효종이 승하하자 조대비의 복상문제로 서인에게 몰려 삼수에 유배, 다시 광양으로 이배되었다가 풀린 뒤 부용동에 은거하며 시작으로 여생을 보냈다. 경사·의약·복서·음양·지리에 해박하고, 특히 시조에 뛰어났다. 가사 문학의 대가인 정철과 더불어 시조 문학의 대가로서 국문학사상 쌍벽을 이루고 있다. 문집『고산유고』에 시조 77수와 한시문 외에 2책의 가첩(歌帖)이 전한다.

■ 해설

서사
내 벗이 몇이나 하니 수석과 송죽이라
동산에 달 오르니 그 더욱 반갑고야
두어라 이 다섯 밖에 또 더하여 무엇하리

수
구름 빛이 좋다하나 검기를 자로 한다
바람 소리 맑다하나 그칠 적이 하노매라
좋고도 그칠 뉘 없기는 물 뿐인가 하노라

석
꽃은 무슨 일로 피면서 쉬이 지고
물은 어이하여 푸르는 듯 누르나니
아마도 변치않을 손 바위뿐인가 하노라

송
더우면 꽃 피고 추우면 잎 지거늘
솔아 너는 어디 눈서리를 모르느냐
구천에 뿌리 곧은 줄을 글로 하여 아노라

죽
나무도 아닌 것이 풀도 아닌 것이
곧기는 뉘 시기며 속은 어이 비었는다
저러코 사시에 푸르니 그를 좋아 하노라

월
작은 것이 높이 떠서 만물을 다 비추니
밤중의 광명이 너만한 이 또 있느냐
보고도 말 아니하니 내 벗인가 하노라

「오우가」는 1642년(인조 20) 윤선도가 56세에 해남의 금쇄동에 은거할 무렵에 지은 것으로 「산중신곡」 18수 중 6수로 『고산유고』 제6권 하편 별집에 수록되어 있다.

첫수는 문답 형식으로 다섯 벗을 소개했다. 초장에는 수석과 송죽을, 중장에서는 달을 소개했다. 그리고 종장에서는 오직 이 다섯만을 벗한다고 말했다.

둘째수는 그치지 않는 물을, 셋째수는 변함없는 바위의 모습을, 넷째수는 절개 있는 솔을 읊었다.

다섯째수는 사철 변하지 않는 푸른 디의 모습을 찬양한 것으로 곧기는 누가 시킨 것도 아닌데 속은 어디 비었느냐는 것이다. 대나무는 사군자의 하나로 굳은 절개를 상징하는 옛선비들의 상징물로 많은 사랑을 받아왔다.

마지막 수는 달을 찬양했다. 작은 것이 높이 떠서 만물을 다 비추니 캄캄한 밤중에 광명이 너만 한 이 또 어디 있느냐는 것이다. 보고도 말하지 아니하니 나의 벗이라고 했다. 달은 밤중에 홀로 떠서 세상만을 비출 뿐 인간의 모든 미·추·선·악을 보고도 말하지 않는다고 해서 내 벗이라고 했다.

　오우가는 사물, 수·석·송·죽·월에 빗대어 부단·불변·불굴·불욕·불언 등 현실에 대한 무상함을 변치 않는 이 다섯 벗을 취해 우의적으로 노래한 작품이다.

임경업 「발산역 기개새는…」

拔山力 氣蓋世는 楚覇王의 버금이오
秋霜節 烈日忠은 伍子胥의 우히로다
千古에 凜凜한 丈夫는 壽亭侯ㄴ가 하노라

시가(박씨본) · 490

발산력(拔山力) 기개새(氣蓋世) : 산을 뽑을 만한 힘과 세상을 덮을 만한 기상. 항우가 해하성에서 패하기 직전에 지은 시로 시운이 자기에게 이르지 않음을 한탄한 시.
버금 : 다음.
추상절(秋霜節) 열일충(烈日忠) : 가을 서릿발 같은 절개와 뜨거운 해와 같은 충성심.
오자서(伍子胥) : 춘추전국시대의 초인. 명은 원. 아버지, 사와 형, 상을 죽인 초의 평왕에게 오나라의 도움으로 원수를 갚음.
늠름(凜凜)한 장부(丈夫) : 씩씩한 사나이.
수정후(壽亭侯) : 중국 삼국시재의 촉의 관우를 가리킴. '수정후'는 위의 조조가 내린 작위 이름.

임경업(林慶業 1594년, 선조27 ~ 1646년, 인조24)
조선 인조 때의 명장으로 충주 달천촌 출생이다. 본관은 평택, 자는 영백, 호는 고송이다. 이괄의 난에 공을 세우고 병자호란 때 중국 명나라와 합세하여 청나라를 치고자 했으나 뜻을 이루지 못했다. 청북방어사로 백마산성과 의주성을 수축했으며, 조선을 대표하는 명장으로 백성의 신망을 받았으며 청군에도 명성이 높았다. 명나라에 망명하여 청나라와 싸우다 생포되어 인조의 요청으로 조선으로 압송, 김자점 일당에 의해 장살되었다.

■ 해설

발산역 기개새는 초패왕의 버금이요
추상절 열일충은 오자서의 우히로다.
천고에 늠름한 장부는 수정후인가 하노라

산을 뽑을 만한 힘과 세상을 덮을 만한 기상, 발산력 기개새는 초패왕 다음이요, 가을 서릿발 같은 절개와 뜨거운 해와 같은 충성심, 추상절 열일충은 오자서보다 낫다고 했다. 그리고 천고의 늠름한 장수는 수정후 관우라고 했다. 그런 관우에게 은연중 자신의 모습을 투영시키고 있다.

임경업은 우국충정에 뛰어난 충신이요 무장이다. 청나라에 복수하고자 명나라에 망명, 뛰어난 용맹과 기상으로 병자호란의 치욕을 씻어보고자 했으나 청나라와 싸움 한번 제대로 해보지 못하고 비운에 간 인물이다. 나라가 그를 뒷받침하지 못한 불우한 명장이었다. 그래서 이 시조는 더욱 비감하다.

청은 가도에 주둔한 명군을 치기 위해 조선에 병력 동원을 요청했다. 조정은 마지못해 임경업을 수군장으로 임명, 출전시켰으나 철저한 친명배금파였던 임경업은 명나라 도독 심세괴에게 미리 정보를 알려주었다.

청은 명의 근거지인 금주위를 공격하는데 또다시 조선에 병력과 군량을 요구했다. 임경업은 주사상장에 임명되어 참전했으나 이때에도 승려 독보를 보내 참전 사실을 명에게 알렸다.

 이러한 사실들이 결국 청에 발각되어 조정에서는 임경업을 체포했으나 청으로 압송하던 도중 탈출했다. 심기원의 도움으로 승려로 변장, 기회를 엿보다가 김자점의 종이었던 상인 무금의 주선으로 상선을 타고 명으로 당명했다.

 이때 임경업 부인과 임경업 형제가 청나라 수도 심양으로 끌려갔다.

 아내가 말했다.

 "나의 남편은 대명의 충신이고 나는 오로지 충신의 아내임을 알 뿐이다."

 부인은 심양의 감옥에서 자결, 생을 마감했다.

 임경업은 마등고의 휘하에 들어갔고 명은 그를 평로장군에 임명했다. 그러나 명이 청에 의해 함락되자 마등고도 결국 청에 항복하고 말았다.

 임경업은 명청 교체기의 거대한 국제적 격변 속에서 대명 의리를 실천하다 비참하게 죽었다. 그의 생애는 훗날 깊은 애도와 공분을 불러일으켰으며 이는 『임경업전』이라는 소설로 재구성되어 널리 전파되었다.

 『임경업전』은 병자호란을 배경으로 비운에 쓰러진 명장의 일생을 영웅화한 작자 연대 미상의 고전 한글소설이다. 이 작품은 비운에 쓰러진 명장의 일생을 보여 줄 뿐 아니라 호국에 대한 강한 적개심과, 사리사욕만을 일삼던 간신에 대한 분노를 민족적·민중적 차원에서 승화시킨 소설이다.

이완 「군산을 삭평턴들…」

羣山을 削平턴들 洞庭湖ㅣ 너를랏다
桂樹를 버히던들 둘이 더옥 불글 거슬
뜻 두고 이로지 못ᄒ고 늙기 셜워ᄒ노라

청구영언(진본)·169

군산(羣山): 중국 동정호 안에있는 산.
삭평(削平): 산을 깎아 평평하게 만든다는 뜻.
너를랏다: 넓을 것이다.
계수(桂樹): 달 속에 있다는 상상의 나무.
버히던들: 베었던들.

이완(李浣 1602년, 선조 35 ~ 1674년, 현종 15)
조선 중기 효종 때의 무장으로 자는 징지 호는 매죽헌이다. 병자호란 때 정방산성 싸움에서 공을 세웠다. 어영대장·훈련대장이 되어 효종의 북벌정책을 보필, 국방체계·군비·병력 정비에 힘썼으나 효종의 죽음으로 실현하지 못했다. 병조판서 우의정을 지냈다. 소설 『허생전』에도 등장한 인물이다.

■ 해설

군산을 삭평턴들 동정호 너를낫다
계수를 버히던들 달이 더욱 붉을 것을
뜻 두고 이루지 못하니 늙기 설워하노라

군산은 중국 동정호 안에 있는 산을 말한다. 삭평은 산을 깎아 평평하게 만든다는 뜻이다. 군산을 깎아 평지를 만들면 동정호 같은 넓은 평야가 될 것이다. 달 속의 계수나무를 베어버리면 달이 더욱 밝아질 것이다. 원대한 포부를 이루지 못하고 늙었으니 그것을 서러워하고 있다는 것이다.

강직하고 깨끗했으며 용감하고 결단력이 있었다. 원칙에 엄격하였으며 매사에 시시비비가 분명했다. 효종의 북벌정책을 보필하여 국방체계·군비·병력을 정비하는 데 많이 기여를 했다. 그는 북벌 정책의 야심 찬 핵심 인물로 많은 야사와 설화의 소재가 되기도 했다. 박지원의 소설 「허생전」에서도 실명으로 등장된 바가 있다.

송시열 「님이 헤오시매…」

님이 헤오시매 나는 젼혀 미덧드니
날 ᄉ랑ᄒ던 情을 뉘 손디 옴기신고
처음에 믜시던 거시면 이대도록 셜오랴

청구영언(진본) · 298

헤오시매 : 생각하시매. 기본형 혜다.
뉘 손디 : 누구에게.
옴기신고 : 옮기셨는고.
믜시던 : 미워하시던. 기본형 뮈다.
셜오랴 : 슬프랴.
이대도록 : 이토록.

송시열(宋時烈, 1607년, 선조 40 ~ 1689년, 숙종 15)
조선 후기 문신 겸 학자로 본관은 은진, 자는 영보, 호는 우암·화양동주 또는 우재이다. 노론의 영수. 사계 김장생의 제자로 인조 11년 사마시에 장원 급제, 뒤에 봉림대군의 사부가 되었다. 주자학의 대가로서 이이의 학통을 계승하여 기호학파의 주류를 이루었으며 이황의 이원론적인 이기호발설을 배격하고 이이의 기발이승일도설을 지지, 사단칠정이 모두 이라 하여 일원론적 사상을 발전시켰으며 예론에도 밝았다. 효종의 장례 때 대왕대비의 복상 문제로 남인과 대립하고, 후에는 노론의 영수로서 숙종 15년(1689)에 왕세자의 책봉에 반대하다가 사사되었다. 저서에 『우암집』, 『송자대전』 등이 있다.

■ 해설

님이 혜오시매 나는 전혀 믿었더니
날 사랑하던 정을 뉘 손에 옮기신고
처음에 뮈시던 것이면 이대도록 설우랴

임금에게 내침을 받은 심경을 노래한 시조이다. 옛날 효종 임금께서 이조 판서를 제수할 때 허름한 옷을 입은 우암에게 담비 가죽 털옷을 하사했다. 임금님의 옛정이 그리워 외로이 눈물을 흘리고 있을 만년 우암의 모습이 떠오른다.

임께서 특별히 생각하시므로 나는 전적으로 믿었었는데, 그 정을 누구에게 옮기셨는지, 애당초 사랑하지 않고 미워하셨더라면 이렇게까지 서러워했겠는가. 사랑했다가 배신을 당했다면 얼마나 마음이 아플 것인가. 누구나 다 원망하고 싶을 것이다. 여러 번 벼슬에서 물러나고 여러 번 유배를 갔던 우암이었으니 더는 무슨 말이 필요하랴.

1689년 기사환국, 원자(경종)의 책봉에 반대한 죄로 우암은 제주도 유배길에 올랐다.

서울로 압송되던 도중, 정읍에서 사약을 받고 죽었다.

1694년 갑술환국으로 신원 되었으며 시호는 문정, 주자학의 대학자로『송자대전』을 남겼다. 그는 재야에 있으면서도 여론을 주도, 많은 사람들에게 막대한 영향력을 끼쳤다. 특히 예론에 밝았으며 그의 문하에서 많은 인재들이 배출되어 기호학파의 학풍을 이어갔다. 사람들은 그를 송자라 불렀다. 대전 우암 사적 공원 내에 제자를 가르쳤던 남간 정사가 있다.

효종「청석령 지나거냐…」

靑石嶺 지나거냐 草河口ㅣ 어듸미오
胡風도 춤도 출샤 구즌비는 무스 일고
아므나 내 行色 그려내어 님 계신 듸 드리고쟈

청구영언 진본·217

청석령(靑石嶺) 초하구(草河口) : 평북 의주 근방에 있는 두 지명. 효종이 심양으로 잡혀 가실 때 지나시던 곳.
어듸미오 : 어디쯤이오.
호풍(胡風) : 북풍.
춤도 출샤 : 차기도 차구나.
무스 일고 : 무슨 일인가.
행색(行色) : 길 떠나려고 차린 차림새.

효종(孝宗 1619년, 광해군 11 ~ 1659년, 효종 10)
조선 제17대 왕(재위 1649~1659)으로 휘는 호, 자는 정연, 호는 죽오이다. 인조의 둘째 아들로 소현세자가 돌아감에 따라 왕위에 올랐다. 봉림대군 시절 청에 볼모로 잡혀가 9년간 온갖 고초를 겪고 왕위에 오른 뒤 병자국치를 씻고자 북벌계획을 수립했다. 송시열, 이완 등을 중용해 군제의 개편, 군사훈련의 강화 등에 힘썼으나 재위 10년 만의 붕어로 북벌의 뜻을 이루지 못했다.

■ 해설

청석령 지나거냐 초하구 어디메오
호풍도 차도 찰사 궂은 비는 무스 일고
아무나 내 행색 그려내어 님 계신 데 드릴꼬

효종하면 제일 먼저 생각나는 시조이다. 청석령은 지났느냐, 초하구는 어디메냐. 호풍은 차고도 찬데 설상가상 궂은 비는 또 무슨 일이냐. 뉘라서 내 초라한 행색을 그려내어 임금님께 드리겠느냐.

소현 세자와 함께 볼모로 청나라 땅으로 끌려갈 때 쓴 시조이다. 봉림 대군의 나이 18세였다. 힘들고도 긴 여정길이었다. 일국의 왕자가 비 맞은 생쥐 꼴이 되었으니 이 행색을 아버지께 드리고 싶다니. 이런 처절한 그리움도 있는가.

전쟁은 참혹하다. 봉림 대군은 8년 동안 심양에 억류된 채 온갖 고초를 겪었다. 1645년 소현세자가 심양에서 귀국, 2달 만에 급서하자 봉림대군은 세자로 책봉되었다. 1649년 인조가 죽자 바로 왕위에 올랐다. 효종의 나이 31세였다.

효종은 재위 10년 '숭명배청(崇明排淸), 복수설치(復讎雪恥)'를 외치며 절치부심, 북벌 계획에 모든 신명을 바쳤다. 그러나 일찍 병사해 그의 꿈은 일거에 물거품이 되고 말았다.

박태보 「흉중에 불이 나니…」

胸中에 불이 나니 五臟이 다 트 간다
神農氏 꿈에 보아 불 쓸 藥 무러 보니
忠節과 慷慨로 난 불이니 쓸 藥 업다 ᄒᆞ드라

청구영언(진본) · 205

오장(五臟) : 간장, 심장, 비장, 폐장, 신장의 다섯 가지 내장을 통틀어 이르는 말.
신농씨(神農氏) : 중국 고대 산황의 한 사람으로 농사와 의학을 가르쳤다고 한다. 농사를 가르쳐준 중국 신화 속의 인물.
강개(慷慨) : 불의를 보고 정의감에 불타 원통하고 슬퍼함.

박태보(朴泰輔, 1654년, 효종 5 ~ 1689년, 숙종 15)
조선 후기의 문신으로 본관은 반남, 자는 사원, 호는 정재이다. 예조좌랑, 교리, 이조좌랑, 호남의 암행어사 등을 역임했다. 기사환국 때 서인을 대변, 인현왕후의 폐위를 반대하다 심한 고문을 받고 진도로 귀양 가는 도중 노량진에서 35세의 젊은 나이로 죽었다. 왕은 곧 후회하고 그의 충절을 기리기 위해 정려문을 세웠다. 저서에 『정재집』이 있다.

■ 해설

흉중에 불이 나니 오장이 다 타들어 간다
신농씨 꿈에 보아 불 끌 약 물어보니
충절과 강개로 난 불이니 끌 약이 없다 하더라

가슴 속에 불이 나니 오장 육부가 다 타들어 간다. 신농씨를 꿈에 만나 불 끌 약을 물어보았더니 임금님에 대한 충절과 울분에서 생긴 불은 끌 약이 없다고 하더라.

1680년에는 경신환국, 1689년에는 기사환국, 1694년에는 갑술환국이 일어났다. 경신환국에는 서인이, 기사환국에는 남인이, 갑술환국에는 서인(노론, 소론)이 정권을 장악했다. 경신환국은 예송문제의 여파로, 기사환국은 원자의 책봉 문제로, 갑술환국은 폐비민씨(인현왕후)의 복위 운동으로 일어난 사건들이다.

박태보는 인현왕후의 폐비를 극력 반대했다. 이에 숙종의 노여움을 사 유례없는 고문을 당했다. 뼈가 부서지고 살이 타는데도 그는 얼굴빛 하나 변하지 않았다. 유배 도중 노량진 나루터를 건너기도 전에 숨을 거두고 말았다. 35세의 젊은 나이였다.

그러한 지은이의 울분과 탄식이 배어있는 작품이다.

4부

조선후기

김성기 「홍진을 다 떨치고…」

紅塵을 다 썰치고 竹杖芒鞋 집고 신고
玄琴을 두러메고 洞天으로 드러가니
어듸셔 딱 을흔 鶴唳聲이 구롬 밧긔 들닌다

청구영언(진본) · 243

홍진(紅塵) : 햇빛에 비쳐 홍색을 띤 먼지. 속세.
썰치고 : 떨쳐버리고.
죽장망혜(竹杖芒鞋) : 대지팡이와 짚신이라는 뜻으로, 먼 길을 떠날 때의
   아주 간편한 차림새를 이르는 말이다.
현금(玄琴) : 거문고
집고 : 손에 (지팡이) 짚고.
신고 : 발에 (집신) 신고.
동천(洞天) : 산에 쌓이고 물에 둘러쌓인 경치 좋은 곳.
딱 을흔 : '딱 일흔'의 오기. 짝을 잃은.
학려성(鶴唳聲) : 학의 울음 소리.
밧긔 : 밖에.

김성기(金聖基 ? ~ ?)
생몰년대 미상. 자는 자호 · 대재, 호는 낭옹 · 어옹 · 어은 · 조은 · 강호객.
숙종 때의 가인으로 왕세기에게 거문고의 비법을 전수받았다. 거문고와
퉁소의 명인이었으며 만년에는 서호에서 배를 타고 낚시질로 세월을 보
냈다. 수많은 제자를 길러 당대의 명인 명창들이 그의 문하에서 나왔다.

■ 해설

  홍진을 다 떨치고 죽장망혜 짚고 신고
  현금을 둘러메고 동천으로 들어가니
  어디서 짝 잃은 학려성이 구름 밖에 들린다

  속세의 먼지를 다 떨치고 대지팡이 짚고 집신 신고, 거문고를 둘러메고 경치 좋은 골짜기를 찾아가니 어디서 짝 잃은 학의 울음소리가 구름 밖에서 들려온다.
  마음은 이미 학을 타고 구름 속을 날고 있다. 이곳이 바로 선경이 아니고 무엇이랴.
  조수삼이『추재집』「김금사金琴師」에서는 다음과 같은 이야기가 전하고 있다.

  금사 김성기는 왕세기에게 거문고를 배웠는데 세기는 새 곡조가 나올 때마다 비밀에 부치고 성기에게 가르쳐 주지 않았다. 그러자 성기가 밤마다 세기의 집 창 앞에 붙어서 몰래 엿듣고는 이튿날 아침에 그대로 탔는데 조금도 틀리지 않았다. 세기가 이상히 여겨 밤중에 거문고를 반쯤 타다 말고 창문을 갑자기 열어젖히자 성기가 깜짝 놀라 땅바닥에 나가 떨어졌다. 세기가 매우 기특하게 여겨 자기가 지은 것을 다 가르쳐주었다.

정래교의 『완암집』에는 "른 잔치가 벌어질 때 재능 있다는 음악가들이 다 모였다 하더라도 거기에 김성기가 빠지면 흠으로 여길 정도"라며 그의 거문고 연주 기량에 대해 언급하고 있다.

그는 병화로 인해 전승이 끊어진 「평조삭대엽」을 전하기도 했다. 사후 제자 이설 등이 스승으로부터 배운 가락을 정리, 1728년에 『낭옹신보』를 펴냈으며 1779년의 『어은보』는 『낭옹신보』를 저본으로 해서 필사된 것이다.

1723년(경종 3) 신임사화를 일으킨 목호룡이 잔칫상에서 그를 불렀다. 만약 오지 않으면 혼내주겠다고 했다. '내 나이 칠십인데 무엇 때문에 너를 두려워한단 말이냐. 너는 고변을 잘하는 자이니 나 또한 고변하여 죽여라.'하며 질책, 거절하였다고 한다. 그는 이렇게 가인의 긍지를 지키며 일생을 예인으로 살았다.

김천택 「잘 가노라 닷지 말며…」

잘 가노라 닷지 말며 못 가노라 쉬지 말라
브듸 긋지 말고 寸陰을 앗겻슬아
가다가 中止곳ᄒ면 안이 감만 못ᄒ니라

해동가요(주씨본) · 427

닷지 : 닫지. 달리지. 기본형 돋다.
브듸 : 부디.
긋지 : 그치지.
촌음(寸陰) : 아주 짧은 시간.
앗겻슬아 : 아끼려무나.
중지(中止)곳 : 중지만. '곳'은 강세조사.
ᄒ니라 : 하니라.

김천택(金天澤, 1654(효종 5 ?)~1727(영조3 ?) 1680년대 말(추정) ~ ?)
숙종 때의 가객으로 자는 백함 또는 이숙, 호는 남파이다. 『해동가요』에 57수를 남겼으며 1728년 시가집 『청구영언』을 편찬했다. 김수장 등과 더불어 '경정산가단'을 조직, 후진 양성과 시조의 정리·발전에 지대한 공헌을 했다.

■ 해설

잘 가노라 닫지 말며 못 가노라 쉬지 말라
부디 긏지 말고 촌음을 아껴써라
가다가 중지곧 하면 아니 감만 못하니라

잘 간다고 달려가지 말 것이며 못 간다고 해서 쉬지도 말라. 부디 그치지 말고 짧은 시간이라도 아껴 쓰려무나. 가다가 중지 곧 하면 아니 감만 못할 것이다. 다시는 시간은 돌아오지 않는다. 시간을 아껴 쓰지 않으면 안 된다는 얘기이다.

『청구영언』은 김천택이 엮은 우리나라 최초의 대표적 시조집이다. 『해동가요』, 『가곡원류』와 함께 조선의 3대 가집의 하나이다. 고려 때부터 18세기 초엽에 이르기까지 1015수(시조 998수, 가사 17수)를 수집·정리하여 가곡의 유형(중대엽·삭대엽)과 음조(평조·우조·계면조)에 맞게 묶어 후세 사람들이 쉽게 부를 수 있게 하였다.

시조는 학자·문인들의 전유물로 도학적 관념적인 틀에서 벗어나지 못하고 있었다. 그러나 그들은 시조의 제재를 일상 생활 속에서 취해 이를 사실적으로 묘사, 때로는 해학적 표현으로 시조에 새바람을 일으켰다. 여기에 악장인 북전, 가사인 맹상군가, 사설시조인 만횡청류에 이르기까지 모든 시조를 정리하여 시조 발전과 후진 양성에 지대한 공헌을 했다.

이정보 「국화야 너는 어이…」

菊花야 너는 어니 三月東風 다 보니고
落木 寒天에 네 홀노 피엿는다
아마도 傲霜孤節은 너뿐인가 ㅎ노라

악학습령 · 420

어니 : 어이.
삼월동풍(三月東風) : 삼월에 동쪽에서 부는 바람. 봄바람.
낙목한천(落木寒天) : 나뭇잎이 지는 추운 겨울
피엿는다 : 피었느냐.
오상고절(傲霜孤節) : 차가운 서릿발에도 굴하지 않는 높은 절개. 국화를 가리킴.

이정보(李鼎輔, 1693, 숙종 19 ~ 1766, 영조 42)
조선 후기 영조 때의 문신으로 자는 사수, 호는 삼주, 홍문관 부수찬 양관대제학 예조판서를 지냈다. 탕평책을 반대하다 파직된 적도 있으며, 성품이 엄정하고 강직해 바른말을 잘해 여러 번 파직되었다. 양관대제학·성균관지사·예조판서 등을 거쳐 중추부판사가 되었다. 음악에 조예가 깊어 많은 남녀 명창들을 배출했다. 글씨와 한시에 능했으며 시조의 대가로 78수의 작품을 남겼다.

■ 해설

국화야 너는 어이 삼월동풍 다 보내고
낙목 한천에 네 홀로 피었느냐
아마도 오상고절은 너뿐인가 하노라

국화야 너는 어이 삼월 춘풍 다 보내고 나뭇잎이 진 추운 계절에 네 홀로 피었느냐? 아마도 매서운 서릿발에 높은 절개를 지키는 것은 너뿐인가 보구나.

온갖 어려움에도 지조와 절개를 지키며 살아가는 선비의 모습을 칭송한 노래이다. 국화는 지조와 절개를 표현할 때 흔히 사용되는 제재이다. 국은 매·난·국·죽, 사군자 중의 하나로 선비가 지향하는 이상적인 인간상이다.

중국 송나라 때의 시인 소동파가 지은 「증유경문(贈劉景文, 유경문에게 주다)」이라는 시의 '국잔유유오상지(菊殘猶有傲霜枝)를 떠올리며 지었다고 전해지고 있다. '국화는 시들어도 서릿발이 심한 추위에도 가지를 남겼다'라는 시구이다.

김수장의 『해동가요』에 82수 작품이 전하고 있다. 그는 평시조뿐만 아니라 사설시조에도 능했다. 사대부가 지었다고 보기 어려운 솔직하고 외설적인 시조가 많으며 20여 수의 사설시조도 있다. 다른 가집들의 작품들을 포함하면 약 100여 수가 된다.

장시조는 재담·욕설·음담 등을 시조에 도입, 조선 후기 풍자와 해학의 세계를 열어준 당시의 서민문학이다. 조선 영조대를 최후로 장식한 사대부 시조 작가로서 시조의 주축을 평민층으로 옮기는 교량 역할을 했다는 평가를 받고 있다. 이정보는 시조의 대가로 문집은 전하는 바 없으나 100여 수에 달하는 많은 시조들을 남겼다.

김수장 「초암이 적막한데…」

草庵이 寂寞ᄒᆞᆫ듸 벗 업시 혼자 안조
平調 ᄒᆞᆫ 닙헤 白雲이 절노 돈다
어듸 뉘 이 됴 쯧을 알 니 잇다 ᄒᆞ리요

악학습령 · 437

초암(草庵) : 풀로 지붕을 이은 암자
평조 한닙 : 평조대엽. 국악에서 쓰는 속악 음계의 하나. 양악의 장조에 가까운 낮은 음조이다.
백운(白雲) : 흰구름
됴흔 : 좋은. 원문에는 'ᄒᆞᆫ'이 탈락

김수장(金壽長, 1690, 숙종16 ~ ?)
가객으로 서리로 일했다. 전라도 완산 출생으로 『해동가요』의 저자이다. 노가재는 김수장의 호이자 김천택의 경정산가단과 쌍벽을 이루는 조선 후기 가단의 이름이다. 경정산가단과 함께 한양의 가곡 문화를 이끌어 갔다. 129수의 작품이 전하고 있으며 이 중 역대 시조 작가 중 40여 수나 되는 가장 많은 장시조 작품을 남겼다.

■ 해설

초암이 적막한데 벗 없이 혼자 앉아
평조 한닢에 백운이 절로 돈다
어느 뉘 이 좋은 뜻을 알 이 있다 하리오

노가재에 찾아오는 벗이 없어 혼자 쓸쓸히 앉아 있다. 평조 한닢을 읊조리니 산마루 흰구름이 절로 돈다. 어느 누가 이 자족하는 마음을 알 이 있다 하리오. 한가로운 오후의 노가재 풍경이다.

1760년(영조 36) 그의 나이 71세. 김수장은 경치 좋은 서울의 화개동(현재 종로구 화동)에 자그마한 모옥, 노가재를 마련했다.

18세기는 여항문화가 꽃피운 시기로 여항은 일반 백성들이 사는 골목길을 말한다. 상업의 발달로 상인을 비롯한 중인 계층이 성장하면서 이들이 중심이 되어 새로운 형태의 문화를 형성했다.

해동가요는 필사본 2권 1책으로 김수장이 편찬한 조선 3대 가집의 하나이다. 모두 883수이다. 조가별로 노래를 분류하고 작가마다 약력을 붙였으며 작품 끝에는 관계 문헌 또는 주를 달았다.

박효관 「님 그린 상사몽이…」

님 그린 相思夢이 蟋蟀의 넉시되야
秋夜長 깁푼 밤에 님의 房에 드럿다가
날 닛고 깁히든 줌을 씨와 볼ㄱ까 ㅎ노라

가곡원류
(국악원본)·306
(규장각본)·306

상사몽(相思夢) : 서로가 사모하여 꾸는 꿈.
실솔(蟋蟀) : 귀뚜라미.
추야장(秋夜長) : 긴긴 가을밤.
날 닛고 : 나를 잊고.

박효관(朴孝寬 ? ~ ?)
자는 경화, 호는 운애. 고종 때의 가객으로 제자 안민영과 더불어 그동안 가곡을 총정리『가곡원류』를 편찬했다. 시와 노래, 술과 거문고 그리고 바둑으로 일생을 보냈다. 노인계, 승평계를 중심으로 팔십 평생을 풍류로 보냈으며, 대원군의 총애를 받았다. 문학과 음악 발전에 크게 이바지하였으며 시조 13수가 전하고 있다. 그의 가곡창은 하준권·하규일을 거쳐 오늘에 전해지고 있다.

■ 해설

님 그린 상사몽이 실솔의 넋이되어
추야장 깊은 밤에 님의 방에 들었다가
날 잊고 깊이든 잠을 깨워 볼까 하노라

대표적인 사랑과 이별의 시조이다. 님 그리워 꾸는 꿈이 귀뚜라미 넋이 되어 추야장 깊은 밤 님의 방에 들어가 날 잊고 깊이 든 님의 잠을 깨워보겠다는 것이다. 귀뚜라미 울음 소리에 잠 못 이루는 화자의 애절한 모습이 눈에 선하다.

박효관의 『가곡원류』의 발문에는 같은 시기에 아무 근거가 없는 잡요가 유행함으로써 정음(正音)이 사라질까 개탄할 지경에 이르렀다고 말하면서 군자의 정음을 회복할 것을 주장했다. 그가 사설시조를 짓지 않고 평시조만 지은 것도 그의 시가관이 어떠한지를 엿볼 수 있는 대목이다. 남창부 665수, 여창부 191수로 총 856수의 시조 작품을 싣고 있다.

흥선 대원군으로부터 '운애'라는 호를 받았으며 노인계와 승평계 가단을 조직, 문학과 음악 발전에 크게 이바지하였다.

안민영 「어리고 성긴 매화…」

어리고 성긘 梅花 너를 밋지 아녓더니
눈 期約 能히 직혀 두 세 송이 픠엿고나
燭 잡고 갓가이 사랑할 제 暗香좃ᄎ 浮動터라

금옥총부 · 15
가곡원류(국악원본) · 58

성긘 : 성긴
밋지 : 믿지를
아녓더니 : 아니 하였더니
눈 기약(期約) : 눈 속에서도 피겠다던 약속
촉(燭) : 촛불
암향(暗香)조차 : 은은한 향기 조차
부동(浮動) 터라 : 떠돌더라

안민영(安玟英, 1816, 순조 16 ~ ?)
자는 성무, 호는 주옹. 고종 13년에 스승인 박효관과 함께 가곡원류를 편찬 간행하여 근세시조를 총결산하는데 공헌했다. 성품이 고결하고 운치가 있어 산수를 좋아하고 세속에 물들지 않았으며 명리를 구하지 않았다. 조선시대 서얼 출신의 가객으로 1876년 박효관과 함께 시가집 『가곡원류』를 편찬, 시조문학을 정리했다. 그의 개인가집 『금옥총부』에는 180수의 시조가 전하고 있다. 매화사 8수는 그의 뛰어난 시재를 보여주는 대표작이다.

■ 해설

어리고 성긴 매화 너를 믿지 않았더니
눈 기약 능히 지켜 두 세 송이 피었구나
촉 잡고 가까이 사랑할 제 암향조차 부동터라

　배화여자고등학교 뒤뜰에 바위 유적 하나가 있다. 좌측에 '필운대'(弼雲臺) 석각자가 있고, 중간에 제명, 우측에 동추 박효관 외 9명의 이름이 새겨져 있다. 조선 선조 때 백사 이항복의 옛집터와 고종 때 『가곡원류』의 산실인 운애 박효관의 운애산방이 있었던 곳이다.
　안민영의 「매화사」가 바로 이곳 운애산방에서 탄생했다.
　고종 때 안민영이 지은 「매화사」 8수 중 둘째 수이다. 어리고 드문 매화 가지, 너를 차마 믿지 아니하였더니 눈이 올 때 핀다던 그 약속 꼭 지켜 두세 송이 피웠구나. 촛불을 들고 너를 바라 사랑할 때 그윽한 향기가 은은하게 떠도는구나. 영탄의 노래라 하여 '영매가', '영매사'라고 부르기도 한다. 여러 이본에도 실려 있어 당시 널리 가곡으로 가창 되었음을 알 수 있다.
　그의 개인 가집 『금옥총부』에는 180수의 시조가 전하고 있으며 그 가운데 가곡원류계 가집에 다른 작자로 표기된 작품을 제외하면 안민영의 자작 작품은 100수 정도로 추정된다. 작품 뒤에는 작품에 대한 해설이 부기되어 있어 시조를 짓게

된 동기를 알 수 있다.

『금옥총부』는 이세보의 『이세보시조집』과 함께 그 의의가 주목되고 있는 개인 가집이다.

안민영은 고시조 작가 중 가장 많은 시조를 남긴 시인이다. 『금옥총부』는 그의 개인 가집으로 180수를 곡조에 의해 분류하고 각 수마다 창작 동기와 날짜, 장소 등을 기록해 놓았다. 등장하는 기생만도 43명이나 되었으며 이들에 대한 애정 시조도 60여 수가 넘는다.

송계연월옹 「소시의 다기하여…」

小時의 多氣ᄒ여 功名의 有意터니
中年의 ᄭᅢᄃᆞᄅᆞᄌ 浮雲이라
松下의 一堂琴書가 내 分인가 ᄒ노라

고금가곡·292

소시(小時) : 젊었을 때
다기(多氣) : 마음 단단하여 웬만한 일에는 두려움이 없음
ᄭᅢᄃᆞᄅᆞᄌ : 깨달으니
일당금서(一堂琴書) : (살기에 넉넉한) 집과 거문고 그리고 서책

송계연월옹(松桂燃月翁, ? ~ ?)
영조 때의 가인으로 시조집 「고금가곡」을 편찬. 이 시조집에 자작시조 14가 전한다. 처음엔 벼슬도 했으나 그것을 버리고 강호로 돌아가 화조를 벗 삼아 스스로 즐겼다고 한다.

■ 해설

소시의 다기하여 공명의 우의터니
중년의 깨달으니 부운이라
송하의 일당금서가 내 분인가 하노라

젊은 시절엔 혈기가 왕성하여 공명에 뜻을 두었는데, 중년이 되어 깨닫고 보니 공명은 뜬구름이라. 큰 소나무 아래 초막을 짓고 거문고, 책과 함께 더불어 사는 것이 내 분수인가 하노라.

소년 시절에 세웠던 이상을 중년에 와 포기했다. 중년에 와 뜬구름임을 깨달았기 때문이다. 자연을 찾아 초막을 짓고 거기서 솔바람 소리를 들으며 거문고, 책과 더불어 살아가는 것이 내 분수라는 것이다.

송계연월옹은 영조 때 가인으로 시조집 「고금가곡」을 편찬했다. 책명은 손진태가 원본 표제의 자형이 떨어져 나가 권말에 수록된 자작 시조 중장에서 따와 가칭한 것이다. 가집 말미에는 '갑신춘 송계연월옹'이라는 기록이 있으며 자작시조 14수가 전하고 있다.

송계연월옹은 연대, 인적 사항 미상이다. 시조집에 숙종 때의 가인 김유기(1674-1720)의 작품이 실려 있어 1704년(숙종 30) 이후의 인물로 추측되고 있다. 초년에는 출세한 듯하며 중년 이후엔 세사를 버리고 산간에 은둔, 시와 가로 유유자

적하게 살았던 것으로 보인다. 가집은 1764년(영조 40)이나 1824년(순조 24년)에 편찬되었을 것으로 추정되고 있다.

「고금가곡」은 타 시조집과 달리 인륜, 심방, 한적 등 '단가 12목(短歌十二目)'이라는 제목 아래 주제별로 편찬되어 있다. 원본은 현재 미국 캘리포니아 대학에 소장되어 있다. 이를 전사한 도남본과 가람본이 있으며 각각 302수와 305수의 시조가 실려 있다.

5부

기녀시조

홍장 「한송정 달 밝은 밤에…」

寒松亭 둘 붉은 밤의 鏡浦臺에 물결 潺潺
有信훈 白鷗는 오락가락 ᄒ건마는
엇더타 우리의 님은 가고 아니 오는고

악학습령 · 544

한송정(寒松亭) : 강원도 강릉에 있는 누정.
경포대(鏡浦臺) : 강릉에 있는 누대로 관동팔경의 하나. 관동팔경은 강원도 동해안에 있는 여덟 군데의 명승지. 간성의 청간정, 강릉 경포대, 고성 삼일포, 삼척 죽서루, 양양 낙산사, 울진 망양정, 통천 총석정, 평해 월송정 등 여덟 지역이다.
물셜 잔잔(潺潺) : 물결이 잔잔할 때에.
有信훈 : 신의가 있는.
백구(白鷗) : 갈매기.
님 : 임금의 후손. 여기서는 박신을 이름.

홍장(紅粧)
조선 전기의 강릉기생으로 생몰년대 미상이다. 『교주해동가요』에 시조 1수가 전한다.

■ 해설

　한송정 달 밝은 밤에 경포대에 물결 잔 제
　유신한 백구는 오락가락 하건마는
　어찌타 우리의 왕손은 가고 아니 오는고

　홍장과 박신과의 사랑 이야기가 「동인시화」, 「조선해어화사」에 전해오고 있다.
　박신은 젊은 시절에 강원도 안렴사로 갔다. 거기에서 강릉 기생 홍장을 만나 사랑했다. 박신이 만기가 되어 한양으로 떠나게 되었다.
　몇 개월이 지났다. 일자 소식도 없었다. 원망스러웠다. 전전반측 잠자리요, 베갯머리 눈물이었다. 홍장은 단장의 하소연을 시조로 읊었다.
　한송정 달은 밝고 경포대 물결은 잔잔한데, 신의 있는 갈매기는 예전 같이 왔다 갔다 하건마는. 어찌하여 그리운 왕손, 우리 님은 한 번 가고 오지 않는 것인가.
　절절한 애모의 시조이다.
　1년이 지나서야 박신은 순찰사가 되어 강릉으로 돌아왔다. 그는 홍장을 한양으로 데리고 올라가 부실로 삼았다. 홍장의 지극한 사랑은 이렇게 해서 열매를 맺었다.
　강릉 경포대 한송정에는 다섯 개의 달이 뜬다고 한다. 하늘에 뜨는 달 (天月), 경포호에 뜨는 달 (湖月), 술잔에 뜨는 달

(樽月), 님의 눈에 뜨는 달 (眼月), 그리고 님의 가슴에 뜨는 달이다 (心月)이다. 한송정은 시인 묵객들이 풍류를 즐기던 곳이다. 묵객의 벼룻물에도 달은 뜰 것이다(硯月). 그러면 여섯 개의 달이 뜨는 셈이다.

경포대 호숫가에는 정자 방해정이 있고 그 정자 앞에 홍장암이 있다. 홍장이 경포대에 놀러 오면 반드시 그 바위 위에서 놀다 갔다고 한다. 후세 사람들은 그 바위를 '홍장암'이라고 불렀다.

정철의 『관동별곡』에 홍장 고사의 이야기가 언급되어 있고, 이익의 제자 신후담은 홍장고사를 소설화하여 『홍장전』을 지었다. 김태준의 『조선 소설사』의 「속열선전」에서도 여러 소설 등과 함께 거론된 바 있다.

소춘풍 「당우를 어제 본 듯…」

唐虞를 어제본 듯 漢唐宋 오늘 본 듯
通古今 達事理ᄒᆞ는 明哲士를 엇더타고
저 설 씌 歷歷히 모르는 武夫를 어이 조츠리

해동가요(일석본)·135

당우(唐虞) : 도당씨(陶唐氏), 유우씨(有虞氏). 곧 요임금과 순임금을 말함.
　　　여기서는 태평스러운 요순시대.
한당송(漢唐宋) : 중국의 한·당·송나라로 경학이 융성하던 시대.
통고금(通古今) : 옛날과 지금에 두루 통함.
달사리(達事理) : 사물의 이치를 통달하여 매우 밝음.
명철사(明哲士) : 총명하고 사리에 밝은 선비.
저 설 씌 : 제가 설 곳.
역역(歷歷)히 : 뚜렷이. 똑똑히.
무부(武夫) : 무사.
조츠리 : 따르리.

소춘풍(笑春風, ? ~ ?)
생존 연대 미상. 영흥 명기. 『해동가요』에 시조 2수, 『청구영언』에 1수가 전한다. 성종 때 서울로 뽑혀 올라온 선상기로 가무와 시가에 뛰어났다. 특히 풍자와 해학에 능하여 성종의 총애를 받았다. 차천로의 『오산설림초고(五山說林草藁)』에 그의 시조 3수에 관한 일화가 전하고 있다.

■ 해설

하루는 성종이 여러 대신들과 함께 술자리를 베풀었다. 소춘풍에게 명하여 대신들에게 술을 따르게 했다. 그리고 새 노래를 지어 문사들을 칭찬하라 명했다.

"소춘풍아, 여러 대신들에게 일일이 권하면서 노래를 부르거라."

임금께는 감히 드리지 못하고 영의정 자리로 가 술잔을 올렸다. 그리고 임금의 성덕을 노래했다.

순임금 계시건만
요 임금이 바로 내 님인가 하노라
　　　　　　　- 상신에게 술 권하는 노래

이때 무신 병조판서는 '상신에게 잔을 올린 뒤에는 마땅히 무신에게 잔을 올릴 것이니 이번에는 술잔이 내게로 오리라.' 생각했다. 그러나 소춘풍은 문관인 이조판서 앞으로 가 잔을 올리는 것이 아닌가.

당우를 어제본 듯 한당송 오늘 본 듯
통고금 달사리하는 명철사를 어떻다고
저 설 데 역역히 모르는 무부를 어이 좇으리

요순시대를 어제 본 듯 한·당·송나라를 오늘 본 듯, 고금을 두루 알고 사리에 밝은 명철한 선비가 어떻다고 자신의 처지를 모르는 무인을 어찌 좇으리.

'당우'는 덕으로 백성을 다스리던 요순시대, '한·당·송'은 경학이 융성하던 시대를 말한다. '통고금 당사리'는 고금의 일을 두루 알고 사리에 밝은 것을, '명철사'는 명석하고 사리에 밝은 선비를 말한다.

누가 보아도 무관을 무시한 희롱조의 노래이다. 병조판서는 노기가 등등했다. 눈치채지 못할 리 없는 소춘풍은 이제는 병판에게 다가가 술잔을 올렸다.

앞 말은 희롱이라 내 말을 허물마오
문신 무신 일체인 줄 나도 이미 알고 있사오니
두어라 용맹, 늠름한 무부 아니 좇고 어이하리

병판은 아직도 노기가 풀리지 않은 모양이었다. 술자리가 어색하게 돌아갔다. 성종은 자못 놀랐지만 결말이 어찌 되어가는지 지켜보고 있었다.

소춘풍은 병조 판서를 보고 생긋 웃으며 다시 노래 한 가락을 멋들어지게 뽑아댔다.

제나라도 큰 나라요 초나라 또한 대국이라
조그만 등나라가 제나라와 초나라 사이에 끼었도다
두어라 둘 다 좋으니 제나라, 초나라도 섬기리라

절묘한 응답이었다. 등이라는 조그마한 나라가 대국인 제나라와 초나라의 틈바구니에 끼어 있으니, 제나라인들 어찌 무시할 수 있으며, 초나라인들 어찌 무시할 수 있으랴. 모두 다 나의 낭군으로 알고 한결같이 섬기겠다는 것이다.

이때부터 소춘풍의 이름이 온 나라에 알려졌다.

성종이 38세의 젊은 나이로 승하하자 소춘풍은 서울을 떠나 머리를 깎고 중이 되었다. 입산시 28세로 법명은 운심이었다. 성종의 은총을 입었다는 설도 있다.

황진이 「청산리 벽계수야…」

靑山裏 碧溪水ㅣ야 수이 감을 자랑마라
一到滄海ᄒ면 도라오기 어려오니
明月이 滿空山ᄒ니 수여간들 엇더리

청구영언(진본)·286

청산리 벽계수(靑山裏 碧溪水) : 푸른 산속을 흐르는 맑은 물. 종실중의 한 사람인 벽계수(碧溪守)를 빗댄말.
수이 : 쉽게. 빨리.
일도창해(一到滄海) 하면: 한 번 푸른 바다에 다다르면.
명월(明月) : 밝은 달빛. 황진이의 기명으로 자기 자신을 가리킴.
만공산(滿空山)하니: (달빛이) 빈 산에 가득차 있으니.

황진이(黃眞伊 ? ~ ?)
조선 중종 때의 개성 출신의 명기로 생몰 연대 미상이다. 한시 「박연폭포」, 「만월대회고」, 「봉별소판서세양」 등이, 시조작품 6수가 전한다.

■ 해설

청산리 벽계수야 수이 감을 자랑마라
일도창해하면 다시오기 어려우니
명월이 만공산하니 쉬어간들 어떠리.

『금계필담』에 종실 벽계수와 황진이에 대해 다음과 같은 일화가 전해오고 있다.

황진이는 송도의 명기이다. 미모와 기예가 뛰어나서 그 명성이 한 나라에 널리 퍼졌다. 종실 벽계수가 그녀를 한 번 보기를 원하였으나 황진은 성품이 고결하여 풍류명사가 아니고는 친하게 지내지를 아니 하였다. 이에 손곡 이달과 의논을 하였다.
이달이 물었다.
"공이 진랑을 만나려면 내 말대로 해야하는데 따를 수 있겠소?:
벽계수가 답했다.
"당연히 그대의 말을 따르리다."
이달이 말했다.
"그대가 동자로 하여금 거문고를 가지고 뒤를 따르게 하여 황진이의 집을 지나 루에 올라 술을 마시고 거문고 한 곡을 타고 있으면 황진이가 나와서 그대 곁에 앉을 것이오. 그 때

본체 만체하고 일어나 재빨리 말을 타고 가면 황진이 따라올 것이오. 취적교를 지날 때까지 돌아보지 않으면 만약 그렇게 하지 않으면 일은 성공하지 못할 것이오."

벽계수가 그 말을 따라서 작은 나귀를 타고 동자로 하여금 거문고를 들게 하여 진랑이 집을 지나 루에 올라 술을 마시고 거문고 한 곡 탄 후 일어나 나귀를 타고 가니 진랑이 과연 뒤를 쫓았다.

취적교에 당도하자 동자에게 그가 벽계수인가를 묻고 이에 아름다운 목소리로 노래했다.

벽계수가 이 노래를 듣고 갈 수가 없어서 시냇가에서 뒤돌아보다가 나귀등에서 떨어졌다. 진랑이 웃으며 말했다.

"이 사람은 명사가 아니라 단지 풍류랑이로구나."

진이는 되돌아 갔다. 벽계수는 매우 부끄럽고 한스러웠다.

푸른 산속을 흐르는 물이여. 빨리 흘러간다고 자랑하지 말아라. 한 번 바다에 다다르면 다시 오기는 어려우니 밝은 달이 빈 산에 가득하니 잠시 쉬어가면 어떻겠느냐.

이 못난 벽계수야, 인생은 한번 가면 그만인데 천하의 명기 명월이가 여기 무르녹아 있는데 어찌하여 나와 즐길 줄 모르고 가려고 하느냐. 함께 쉬어가는 것이 어떻겠느냐는 것이다. 인생무상과 함께 양반계급에 대한 지독한 풍자와 야유가 담겨있다.

남자를 흐르는 물에 비유하고 공산에 뜬 명월을 자기로 비유했다. 남존여비의 시대에, 양반 계급이 극심한 때에 기생인 자기를 명월에 비기고 종친의 한 사람을 산골물로 비유했다는 것은 황진이만이 할 수 있는 일이다. 예인으로서의 자존심, 미인으로서의 자존심이다. 사회적 신분으로 자존심이 상했을 때 느끼는 여자의 분노가 이 시조에 배어 있다.

전해오는 야사가 많으나 대부분 윤색되어 전기에 대해 상고하기는 쉽지 않다.

종실의 벽계수, 그는 의젓했으나 찬바람이 휙 돌고 매정스러우리만큼 까다로웠다.

'사람들이 한 번 진랑이를 보면 빠져버리나 나는 혹하지 않을 뿐 아니라 마땅히 쫓아버리겠다.' 이렇게 호언장담하고는 송도로 내려왔으나 진이의 '벽계수' 노랫소리에 그만 나귀에서 떨어지고 말았으니 양반 체면이 말이 아니었다. 진이는 물론 세인들의 웃음거리가 되고 만 것이다.

홍랑 「묏버들 가려 꺾어…」

묏버들 갈히 것거 보내노라 님의 손디
자시는 窓 밧긔 심거 두고 보쇼셔
밤 비예 새 닙곳 나거든 날인가도 너기쇼셔

오씨장전사본

묏버들 : 산버들.
갈히 : 가리어.
님의 손디 : 님에게.
-곳 : '만, 곧'의 뜻으로 강세조사.
너기쇼셔 : 여기소서.

홍랑 (洪娘 ? ~ ?)
조선 선조 때의 기생. 함남 홍원 출생. 1573년(선조 6) 삼당시인으로 시명이 높았던 고죽 최경창이 북평사로 경성에 주재할 때 그 막중에 머물렀다. 고죽과의 사이에 소생이 있었고, 임진왜란 중에도 고죽의 시고를 간직해 병화에서 구했다 죽어서는 고양의 고죽 묘 아래에 묻혔다.

■ 해설

묏버들 가려 꺾어 보내노라 님에게
자시는 창 밖에 심어두고 보소서
밤비에 새 잎이 나거든 저인 줄 여기소서

산버들 가지를 꺾어서 님에게 보냅니다. 주무시는 창밖에 심어두고 보십시오. 밤비에 새잎이 나거든 저인 듯 여겨주소서.

경성은 여진족을 비롯한 많은 이민족의 침입이 있었던 국방의 요지였다. 선조 6년 고죽 최경창이 북도평사로 경성에 왔다. 최경창은 팔문장, 삼당시인의 한 사람이다. 고죽은 여기에서 어린 홍랑과 깊은 정을 맺었다. 홍랑은 고죽에게서 한 사람의 남자, 아니 부모의 정을 되찾은 것이다.

그것도 잠시 이듬해 봄 고죽은 서울로 내직 발령을 받았다. 홍랑은 경성에서 쌍성까지 고죽을 마중 나갔다. 함관령에 이르렀을 때 날은 저물고 봄비가 주룩주룩 내렸다. 홍랑은 이곳에서 서울로 떠난 고죽에게 애틋하고 간절한 노래, 이 시조 한 수를 지어 보냈다.

서울로 돌아간 최경창은 을해년에 병이 들어 봄부터 겨울까지 자리에서 일어나지 못했다. 홍랑은 소식을 듣고 7일 밤낮을 걸어 한양에 도착했다.

이 문병이 문제가 되어 최경창은 파직되었다. 그때는 국방의 이유로 평안도와 함경도 사람들의 도성 출입이 제한되어 있었고 다른 지방 사람들과 결혼하는 것도 금지시켰다. 또한 명종 왕비인 인순왕후가 승하한 지 1년도 채 안 된 국상 중이었다. 이런 비상시에 관원이 기생과 함께 놀았다고 하여 파면되었다. 당쟁이 치열했던 때라 무엇이든 일이 있으면 정적의 표적이 되었다. 최경창이 홍랑을 첩으로 삼았다고 비화되기까지 했다.

선조 9년 1576년 5월 사헌부가 전적 최경창이 관비를 데리고 산다고 파직을 청했다. "전적 최경창은 식견이 있는 문관으로서 몸가짐을 삼가지 않아 북방의 관비를 몹시 사랑한 나머지 불시에 데리고 와서 버젓이 데리고 사니 이는 너무도 기탄없는 것입니다. 파직을 명하소서."

홍랑은 발걸음을 돌렸다. 고죽은 면직보다도 홍랑과의 이별이 더 가슴 아팠다. 병이 나은 후 고죽은 홍랑에게 자신의 그리움을 송별시에 담아 보냈다. 고죽은 홍랑에 대한 애틋한 시 「증별1, 2」, 「번방곡」을 남겼다.

남학명의 문집 『회은집』에는 "고죽이 죽은 뒤 홍랑은 스스로 얼굴을 상하게 하고 그의 무덤에서 시묘살이를 했다."고 말하고 있다. 3년의 세월 동안 움막을 짓고 씻지도 않고 꾸미지도 않았으며 묘를 지켰다. 임진왜란 때에는 고죽의 시고를 등에 짊어지고 다녀서 병화를 면하였다. 3년 상을 마치고 무덤을 지켰던 홍랑은 전쟁이 일어나자 피난길에 올랐다. 고죽이 남긴 시를 정리해 고향으로 돌아갔다. 고죽의 시가 지금까지 남아 있는 것은 홍랑의 순전한 사랑 때문이었다. 홍랑이 죽자 고죽의 무덤 아래에다 장사 지냈다. 지금도 최경창의 부부의 합장묘 바로 아래 홍랑의 무덤이 있다.

  홍랑은 일생을 통해 고죽을 두 번 만났다.

  홍랑이 고죽을 사랑하지 않았더라면 고죽의 시고는 병화에 없어졌을지도 모른다. 홍랑이 있었기에 오늘의 고죽이 있고 고죽이 있었기에 또 오늘의 홍랑이 있다.

한우「어이 얼어자리…」

寒雨 ? ~ ?

어이 어러 자리 무스 일 어러 자리
鴛鴦枕 翡翠衾을 어듸 두고 어러 자리
오늘은 춘 비 마자시니 녹아잘싸 ᄒ노라

해동가요(일석본·139)
악학습령·553

어이 : 어찌. 어찌하여.
자리 : 자리요.
므스 일 : 무슨 일.
원앙침(鴛鴦枕) : 원앙새를 수놓은 베개.
비취금(翡翠衾) : 비취를 수놓은 이불.
춘 비 : 차가운 비. 작자 자신을 은유함.
마자시니 : 맞았으니. 한우를 맞았으니.

한우(寒雨, ? ~ ?)
생몰연대 미상. 조선 선조 때의 평양 기생이다.

■ 해설

　어느 날 밤이었다. 두 사람은 술자리에 마주 앉았다. 한 잔, 두 잔, 석 잔, 넉 잔 취기가 돌기 시작했다. 임제는 가만히 있을 수가 없었다. 눈을 감고 나직한 목소리로 시조 한 수를 읊었다.

　북천(北天)이 맑다커늘 우장(雨裝)없이 길을 나니
　산에는 눈이 오고 들에는 찬비로다
　오늘은 찬비 맞았으니 얼어잘까 하노라

　북쪽 하늘이 맑아서 우산 없이 길을 나섰다. 산에는 눈이 오고 들에는 찬비가 내리기 시작했다. 찬비를 흠뻑 맞았다. 나를 맞아주지 않는다면 찬 이불 속에서 혼자 잘 수밖에 없지 않은가?
　위 시조는 백호가 기녀 한우에게 준 「한우가(寒雨歌)」이다. 당시 한우라는 기녀는 재색을 겸비한 데다 시문에도 능하고 거문고와 가야금에도 뛰어났다. 노래 또한 절창이었다.
　밤은 깊어갔다. 멀리서 개 짖는 소리만이 문풍지를 짧게 찢을 뿐이었다. 한참 동안 침묵이 흘렀다. 가득 부은 술잔을 한우는 단숨에 비웠다. 가야금에 얹은 손이 떨렸다. 더운 열기로 한참을 임제의 얼굴을 쏘아보았다. 둥기둥 첫 줄이 울렸다.
　폭풍우가 몰아치듯 폭풍우가 지나간 듯, 성난 파도였다가, 조용한 물살이었다가 허공으로 부서지는 가락은 참으로 아름다웠다. 임제는 짐짓 내색하나 하지 않고 태산처럼 앉아

가만히 듣고 있었다.
 노랫소리가 멎었다. 한우는 숨을 몰아쉬며 뜯고 있던 가야금을 내려놓았다. 옷매무새를 다시 고치고는 다소곳이 앉아 있었다. 멀리서 다듬이소리가 야음을 타고 길게도 들려왔다가 짧게도 들려왔다.

 어이 얼어 자리 무슨 일로 얼어 자리
 원앙침 비취금을 어디 두고 얼어 자리
 오늘은 찬 비 맞았으니 녹아 잘까 하노라

 무엇 때문에 얼어 주무시렵니까? 무슨 일로 얼어 주무시렵니까? 원앙침 베개, 비취금 이불 다 있는데도 왜 혼자 주무시려고 하시는 겁니까? 오늘은 찬비를 맞으셨으니 저와 함께 따뜻하게 주무시고 가십시오. 한우는 은근하게 그리고 속되지 않게 자신의 메시지를 청아한 목소리어 실어 보냈다. 이쯤 되면 아무리 무정한 사람이라도 녹지 않을 사람이 어디 있으랴.
 해동가요에는 다음과 같은 기록이 전하고 있다.

 임제는 자를 자순 호는 백호라 하며 금성인이다. 선조 때에 과거에 급제, 벼슬은 예조정랑에 이르렀다. 시문에 능하고 거문고를 잘 타며 노래를 잘 부른 호방한 선비였다. 이름난 기녀 한우를 보고 이 노래를 불렀다. 그 날밤 한우와 동침하였다.

 임제의 멋도 멋이려니와 한우의 멋 또한 임제를 능가하고 있다. 풍류로 따진다면 난형난제요 용호상박이다.

진옥 「철이 철이라커늘…」

鐵을 鐵이라커든 무쇠錫鐵만 여겻더니
다시 보니 正鐵일시 的實ㅎ다
맛츰이 골풀모 잇더니 녹여 볼까 ㅎ노라

악학습령 · 546

석철(錫鐵) : 순수하지 못한 쇠.
여겻더니 : 여겼더니.
정철(正鐵) : 잡것이 섞이지 않은 순수한 쇠. 정철을 지칭하는 말.
적실(的實)ㅎ다 : 실제에 들어맞다.
골풀모 : 골풀무. 불을 피우는데 바람을 일으키는 기구. 여성의 성기를 지칭.
맛츰이 : 마침내. '뭇춤내'가 바른 표기
잇던니 : 있더니.
뇌겨 : 녹여.

진옥(眞玉, ? ~ ?)
무명의 강계 기녀로 생몰연대 이상이다. 한시 「까마귀(烏)」가 있다.

■ 해설

  1591년 선조 24년 56세 정철은 강계에서 위리안치, 유배 생활을 했다. 이때 진옥을 만났다. 진옥은 무명의 강계 기녀였다.
  정철은 그날도 울분과 실의를 술로 달래고 있었다.
  휘영청 달 밝은 어느 날 밤이었다. 오동잎 투욱 툭 지는 그림자와 귀뚜라미의 처량한 울음은 적소의 정철의 가슴을 더욱 쓸쓸하게 했다. 인기척이 들려왔다.
  "그 뉘시오?"
  문이 스르르 열리고 장옷으로 얼굴을 가린 한 여인이 고개를 숙인 채 들어왔다. 우아한 한 마리 학이었다.
  "죄송하옵니다. 버릇없는 당돌함을 용서해 주소서."
  "당신은 뉘시오?"
  "소첩은 기적에 몸은 담은 진옥이라 하옵니다."
  몇 잔이 오고 갔다. 송강은 취했다.
  "진옥아, 내 한 수 읊을 터이니 너는 네 노래에 화답할 수 있겠느냐?."
  "예, 부르시옵소서."
  진옥은 거문고 줄을 뜯었다. 송강은 목청을 가다듬어 시조 한 수를 읊었다.

  옥이 옥이라커늘 번옥만 여겼더니
  이제야 보아하니 진옥일시 분명하다

나에게 살송곳 있으니 뚫어볼까 하노라

번옥은 돌가루로 구어 만든 가짜 옥이다. 진옥은 진짜 옥이다. 기녀 진옥을 바라보니 가짜 옥이 아니라 진짜 옥이었다. 진옥은 참옥을 뜻하면서 기녀 진옥을 가리킨 것이었다. '살송곳'은 남자의 거시기로 그것으로 뚫어본다고 했다.

진옥이 화답했다.

철이 철이라커늘 섭철만 여겼더니
이제야 보아하니 정철일시 분명하다
나에게 골풀무 있으니 녹여볼까 하노라

섭철은 순수하지 못한 쇠붙이가 섞인 가짜 철이다. 번옥에 대한 대구이다. 정철은 잡것이 섞이지 않은 진짜 철이다. 진옥에 대한 대구이다.

철은 철이나 섭철로만 여겼는데 이제 보니 정철일시 분명하다. 내게는 골풀무가 있으니 녹여본들 어떻겠느냐.

정철은 진짜 철이면서 송강 정철을 가리키는 것이다. '골풀무'는 불을 피우는데 바람을 불어넣는 풀무이다. 남자의 그것을 녹여내는 여자의 거시기를 은유하고 있다. 살송곳에 대한 대구이다. 외설스러운 듯 외설스럽지 않은 기막힌 은유이다.

선조 26년(1593) 12월 18일 송강이 강화의 우거에서 생을 마치는 날 소리 없이 흐느끼는 한 여인이 있었다. 진옥이었다. 그 후의 일을 아는 사람은 아무도 없었다.

매창 「이화우 흣쑤릴 제…」

梨花雨 훗쑤릴 제 울며 잡고 離別ᄒᆞᆫ 님
秋風落葉에 저도 날 싱각ᄂᆞᆫ가
千里에 외로온 쑴만 오락가락 ᄒᆞ노매

청구영언(진본)·367

이화우(梨花雨) : 비 오듯 떨어져 내리는 하얀 배꽃.
훗쑤릴 제 : 흩뿌릴 때.
추풍낙엽(秋風落葉) : 가을 바람에 쓸쓸히 떨어지는 나뭇잎. 낙엽 지는 가을.
싱각ᄂᆞᆫ가 : 생각하는가.
ᄒᆞ노매 : 하는구나.

매창(梅窓, 1573, 선조6 ~ 1610, 광해군2)
성은 이, 본명은 향금, 호는 매창, 계량. 중종 대의 부안 기녀. 노래와 거문고에 능하고 한시를 잘했다. 시집 『매창집』이 전하며 부안읍 성황산 서림공원과 매창공원에 그녀의 시비가 있다.

■ 해설

　매창은 부안 기생이다. 얼굴은 빼어나지 않았으나 몸가짐과 행동이 발랐다. 거문고를 잘 탔으며 시문에 능했다. 이에 촌은 유희경이 반했다.
　촌은이 매창을 처음 만난 것은 임진왜란 직전 1591년쯤이었다.
　술좌석은 무르익어갔다. 그녀는 거문고 한 곡조를 뜯었다. 촌은은 무릎을 쳤다.

　일찍이 남국의 계랑 이름 들리어
　시와 노래로 서울까지 울렸도다
　오늘에야 그대 모습 대하고 보니
　선녀가 지상에 내려온 것만 같구나

　옷고름 매만지며 다소곳이 듣고 있던 매창이 다음과 같이 화답했다.

　몇해 동안 비바람 소리를 내었던가
　여지껏 지녀온 작은 거문고 하나
　외로운 곡조는 타지나 말자더니
　끝내 「백두음」가락 지어서 타네.

20세의 매창과 50세의 촌은의 사랑은 이렇게 해서 이루어졌다.

　임진왜란이 일어났다. 촌은은 국가를 위해 사랑을 버리는 것이 충이라고 생각했다. 그는 상경하여 의병을 모집, 관군을 도왔다.

　짧았던 만남이었다.

　하룻밤 더 묵어가라는 그녀의 애틋한 간청도 거절했다.

　매창은 뼈가 타도록 외로웠다. 그녀는 다정다감한 여인이었다. 그런 여인이었기에 모든 것을 촌은에게 주었다.

　상경 후 일자 소식이 없었다.

이화우 흩뿌릴 제 울며 잡고 이별한 님
추풍낙엽에 저도 나를 생각는가
천리에 외로운 꿈만 오락가락 하노매

　배꽃이 비가 내리듯 흩어 떨어질 때 울며 잡고 이별한 님이다. 가을바람에 떨어지는 나뭇잎에 님께서도 나를 생각하고 계시는가? 천리 머나먼 길에 외로운 꿈만 오고 갈 뿐이라.

　매창은 이 노래를 부르고 이후 수절했다.

금춘 「아녀자의 짐짓 농담…」

兒女 戱中辭를 大丈夫 信聽 마오
文武一體를 나도 잠깐 아노이다
ᄒ믈며 赳赳武夫를 아니 걸고 엇지리

- 부북일기

아녀 시중사(兒女 戱中辭) : 계집의 농담의 말.
신청(信聽) : 곧이 들음.
문무일체(文武一體) : 문반과 무반이 하나임.
잠샨 : 잠깐.
규규무부(赳赳武夫) : 늠름한 사내 대장부.

금춘(今春, ? ~ ?)
생몰 연대 미상. 「부북일기」에 박계숙, 금춘과 주고받은 시조 2수가 전한다.

■ 해설

  박계숙의 「부북일기(赴北日記)」에 박계숙의 '초심사석(初心似石)'에서 '여금춘동침(與今春同寢)'까지의 과정이 묘사되어 있다. 여기에 금춘의 시조가 소개되어 있다.

  비록 대장부라도 간장이 쇠가 돌이겠느냐
  뜰 앞의 예쁜 여인 경계를 삼았더니
  성중의 호치단순을 잊을 수가 없구나

  …… 어제 저녁 어둠을 틈타 와본즉 "많은 손님들이 있어서 돌아갔나이다." 라고 말하거늘, 더불어 이야기하며 해가 지고 저녁이 되었다. 남아의 탕기로 반년이나 집을 떠나 있으니 어찌 춘정이 없겠는가. 처음에 먹었던 마음을 잊고 춘정을 이기지 못하여 붓을 들어 한 수 시를 지어주다

  을사 12월 27일 세밑, 돌과 같은 마음이 서서히 녹아감을 토로하고 있다. 성중은 관할 구역이다. 호치단순은 아름다운 여인을 말한다. 예쁜 여인을 보고 경계를 삼았지만 아름다운 금춘을 보니 잊을 수가 없다는 것이다.

  당우도 친히 본 듯 한당송도 지내신 듯
  고금 이치 통달한 명철인 다 어디 두고

동서도 분별 못하는 무인 사랑주어 무엇하리

…… 이날 아침 애춘이란 애가 아름다운 금춘을 데리고 방에 들어오니, 그 아름다움이 옛날 서시의 아름다움이요 왕소군의 절색이라, 비단 옷을 입은 모습은 가을 구름에 숨은 달과 같고, 푸른 버들가지에 눈이 돋은 듯하며 연못에 비친 연꽃과 같았다.

금춘의 자는 월아, 노래를 잘하며 바둑도 둘 줄 알아 모르는 것이 없었고, 도 거문고와 가야금에 능했다. 저녁이 되도록 이야기하니 어찌 능히 춘정이 없겠는가, 처음 먹었던 돌같던 마음이 서서히 풀려가다

기생 금춘의 화답이다. 당우(唐虞)는 당나라 미인 우미인을 가리키고 한당송(漢唐宋)은 나라 이름들이다. 훌륭한 재사, 문인들 다투어 정을 주겠다는데 동서도 구별 못 하는 무인에게 정을 주어 무엇하겠느냐는 것이다.

근엄한 척하지만 낙양성의 벌나비로다
광풍에 날려서 여기저기 다니다가
변방의 예쁜 꽃가지에 앉아보고 싶구나

저절로 우러나오는 고백이다. 체면이 무슨 필요가 있겠는가. 나 역시 벌나비이다. 바람에 이리저리 날려 아름다운 당신의 꽃에 앉아보고 싶다는 것이다.

아녀자의 짐짓 농담 대장부 믿지마오
문무가 일체임을 저도 잘 알고 있다오
하물며 늠름한 대장부께 정 아니주고 어쩌리

아녀자의 짐짓 농담 대장부 믿지 마시오. 문무가 일체인데 문신이고 어떻고 무인이면 어떻습니까? 정말 날 아껴주고 사랑해준다면 늠름한 대장부께 정 아니주고 어쩌겠습니까. 여자로서 만족할 것입니다. 솔직하고 우직한 정부의 넓은 가슴이 그리운 아녀자입니다. 당신의 뜻을 따르겠다는 뜻이다.
박계숙은 금춘과 더불어 동침했다. 그들의 뜨거운 가슴은 북국의 설한풍을 녹이고도 남았을 것이다.
다음은 그날의 일기이다.

이날 밤 나는 금춘과 더불어 베개를 베고 같이 잤다. 서로를 사랑하는 견권지정이 깊었다.

박계숙은 1605년에, 박취문은 1644년에 함경도로 파견되어 약 1년간 군관(軍官)으로 복무하였으며, 그것에 대한 일상생활을 자세히 기록하였다.

송이 「솔이 솔이라하니…」

솔이 솔이라 ᄒ니 무슴 솔만 너겨더니
千尋絶壁에 落落長松 늬 긔로다
길 아리 樵童의 졉낫시야 걸어 볼 줄 이시랴

악학습령 · 547

솔 : 소나무.
너겨더니 : 여기더니. 기본형은 너기다.
천심절벽(千尋絶壁) : 천길 낭떠러지. 천길이나 되는 절벽.
낙락장송(落落長松) : 가지가 길게 축축 늘어진 키가 큰 소나무.
긔로다 : 그것이로다.
초동(樵童) : 나뭇꾼.
졉낫 : 작은 낫.
이시랴 : 있으랴.

송이(松伊, ? ~ ?)
생몰연대 미상의 기녀. 김수장의 해동가요의 '작가제씨' 항에 조선 명기 9인이라하여 진이, 홍장, 소춘풍, 소백주, 한우, 구지, 송이, 매화, 다복 등을 들고 있다. 송이는 시조문헌에 나타난 27명의 기녀작자 중 가장 많은 작품 7수를 남겼다.

■ 해설

　조선 선조 때 박준한이란 해주 유생이 있었다.
　그가 과시를 보러 한양에 올라오다 강화 객사에서 잠시 유숙하게 되었다. 거기에서 기녀 송이를 만났다.
　박준한은 그녀의 시재를 시험해 보고 싶어 시 한 수를 읊었다.
　"이제 네가 화답해야 하지 않겠느냐?"
　이때 읊은 송이의 시조 한 수이다.

　솔이 솔이라 하니 무슨 솔만 여기느냐
　천심절벽에 낙락장송 내 그것이로다
　길 아래 초동의 접낫이야 걸어 볼 줄 있으랴

　'솔이 솔'이라고 하니 저를 무슨 솔로 여기십니까. 아무 데나 있는 그런 흔한 솔이 아니옵니다. 천야만야 낭떠러지 위에 우뚝 서 있는 낙락장송이 바로 저이옵니다. 저 까마득한 낭떠러지 밑 길가, 하찮은 나무꾼 낫으로 어찌 걸어나 볼 수 있겠사옵니까?
　'솔이'는 자신의 이름 '송이'를 음차했고 '낙락장송'은 '절개가 굳은 자신'을 비유했다. '나무꾼의 작은 낫'은 '돈푼이나 세도깨나 있는 한량'이나 '치안'을 비유한 말이다. 노류장화이기는 하나 그렇다고 아무에게나 정을 주는 그런 제가 아니라는 것이었다. 고고하면서도 오만에 가까웠다.

"나 같은 무명의 빈한사로는 함부로 넘겨다보지 말라는 뜻이렸다."

"송구스럽사옵니다. 하오나 반드시 그런 것만은 아니옵니다."

"서방님께오선 과시를 보러 가시는 길이 온 데 중도에 일개 기생에 빠져 큰 일을 그르쳐서는 아니 된다는 뜻이옵니다."

"오, 고마운 말이로다. 내 과거를 보고 오는 길에 다시 들러도 되겠느냐?"

"예, 내려오실 때에는 서방님의 뜻에 따르겠사옵니다."

이렇게 굳게 약속하고 두 사람은 헤어졌다.

박준한이 강화에 다시 나타난 것은 그로부터 반년이 지난 어느 해 초겨울이었다. 진사시에 급제한 박준한은 이제 송이 앞에 떳떳한 모습으로 나타났다.

그날 밤 두 사람은 뜨거운 정을 나누었다. 초겨울 밤은 너무나도 짧았다. 송이는 그날 밤의 즐거움을 이렇게 노래했다.

닭아 우지마라 일 우노라 자랑마라
반야 진관의 맹상군이 아니로다
오늘은 님 오신 날이니 아니 우다 어떠리

닭아 울지 마라, 아침 일찍 우는 것을 자랑하지 말아라. 나는 한밤중 함곡관에 갇히자 닭 울음소리를 흉내내어 도망치려는 그런 맹상군이 아니다. 닭아, 오늘은 임 오신 날이니 제발 님과 함께 오래오래 있게 아니 울면 안 되겠느냐.

박준한은 지체할 수 없었다. 초가지붕에는 첫눈이 얇게 쌓여있었다.

"그래, 인생은 회자정리가 아니더냐."

송이는 사랑하는 님을 떠나보내야 하는 것이 너무나 가슴이 아팠다.

내 사랑 남주지 말고 남의 사랑 탐치마소
우리 두 사랑에 행여 잡사랑 섯길세라
일생에 이 사랑 가지고 괴야 살여 하노라

내 사랑 남 주지 말고 남의 사랑 탐하지 말라고 했다. 우리 두 사랑에 행여나 다른 잡사랑이 섞일까 두렵다. 이 사랑으로 일생동안 님과 사랑하며 살겠다는 것이다.

이후 송이는 일체의 기녀 생활을 청산하고 수절했다. 박준한과의 약속대로 데려오기만을 기다렸다. 약속 시간도 훌쩍 넘기고 일 년이 지나도 또 일 년이 자니도 일자 소식이 없다. 이런 시간이 얼마간 더 흘렀다.

드디어 꿈에도 그리던 님에게서 소식이 왔다. 송이는 기뻐 어쩔 줄을 몰랐다. 하인은 송이에게 서찰 한 통을 꺼냈다. 거기에는 달랑 한 수의 시만 적혀 있었다.

월황혼 기약을 두고 닭 우도록 아니온다
새님을 만낫는지 구정의 잡히인지
아모리 일시 인연인들 이대도록 소기랴

달빛 아래에서 약속한 그 님이 닭이 울도록 아니 옵니다.

새 님을 만났는지 옛정이 들었던 님에게 잡혔는지 아무리 한 때의 인연인들 이렇게 나를 속일 수가 있습니까.

"서방님이 과거에 급제하고 돌아오셔서 얼마 안 되어 이름 모를 병에 걸렸습니다. 백약이 무효였습니다."

늙으신 홀어머니의 극진히 간호에도 불구하고 그 정성도 헛되고 말았다.

"그 길로 돌아가셨습니다. 눈을 감으시면서 아씨를 무척이나 그리워했습니다. 이 글이 바로 그것이옵니다."

박준한은 늙은 노모만 덩그마니 남겨놓고 먼 길을 떠났다.

노모는 자식의 장례를 치른 후 입산하여 불도에 귀의했다고 한다

그 길로 송이도 스스로 머리를 깎고 중이 되었다.

그녀가 입산하기 전 마지막으로 남긴 비련의 노래이다.

곳 보고 춤추는 나븨와 나븨 보고 당싯 웃는 곳과
져 둘의 사랑은 절절이 오건마난
엇덧타 우리의 사랑은 가고 아니 오나니

꽃을 보고 춤추는 나비와 나비 보고 방싯방싯 웃는 꽃과 저 둘의 사랑은 때가 되면 잊지 않고 다시 돌아오건마는 어찌하여 우리의 사랑은 한번 가고는 영영 다시 돌아오지 못하는 것입니까.

소백주 「상공을 뵈온 후에…」

相公을 뵈온 後에 事事를 밋ᄌ오매
拙直ᄒᆞᆫ ᄆᆞ음에 病들가 念慮ㅣ러니
이리마 져리챠 ᄒᆞ시니 百年同抱 ᄒᆞ리이다

청구영언(진본) · 289

상공(相公) : 상국(相國). 정승. 대신을 가리키는 말. 상신이라고도 한다. 여기서는 감사를 높여부르는 말. 장기에서의 상(象)과 궁(宮).
사사(事事) : 사사건건. 모든 일. '사(事)'는 '사(士)'를 말함.
밋ᄌ오매 : 믿자오매.
졸직(拙直) : 옹졸하고 곧아서 융통성이 없다. 장기의 졸(卒).
병(病) : 장기에서 병(兵).
이리마 져리챠 : 이렇게 하마(馬), 저렇게 하자. 장기의 마·차(車).
백년동포(百年同抱) : 백년해로. 평생 부부로 같이 살다. 장기의 포(包).

소백주(小柏舟, ? ~ ?)
광해군 때의 평양 기생. 『해동가요』 주에 "광해군 때에 박엽이 평양의 관찰사로 있을 때, 손과 더불어 장기를 두면서 기생 소백주에게 이 노래를 짓게 했다."고 한다.

■ 해설

　박엽이 평안 감사 때의 일이다.
　박엽이 어느 날 동헌에서 손님과 함께 장기를 두고 있었다. 많은 사람들이 모여들어 구경하고 있었다. 그중에는 평양출신 기생, 소백주(小柏舟)도 끼어 있었다.
　"기생에게 여자가 장기판에 끼어들지 말라 일러라."
　아전이 말했다.
　"얘, 감사어른이 자리를 피하라고 하신다."
　"남자만 사람이고 여자는 사람이 아니오이까?"
　소백주는 당돌하게 대꾸했다.
　그날따라 친한 사람들이 많이 있어 박엽은 큰소리를 치지 못했다.
　"그러면 나와 내기 한판 해보겠느냐?"
　"만약 네가 지면 볼기를 칠 것이요, 내가 지면 장기 구경을 시켜주겠다."
　"그렇게 하겠사와요."
　사람들은 깜짝 놀랐다.
　"좋다. 그러면 장기말 가지고 다 들어가게 시조 한 수 짓거라."
　소백주는 장기판을 한번 훑어보았다. 그리고는 낭랑한 목소리로 시조 한 수 읊었다.
　"아."

사람들은 탄복했다. 생각지 못한 은유로 연정의 내용을 시조 한 수에 담아 재치 있게 지었다.

감사의 케이오패였다.

'상공(相公)'은 장기에서의 상(象)과 궁(宮)을, '사(事)'는 사(士)를, '졸직(拙直)'의 '졸(拙)'은 졸(卒)을, '병(病)'은 병(兵)을 '이리마'의 '마'는 마(馬)를, '저리차'의 '차'는 차(車)를, '동포(同抱)'의 '포(抱)'는 포(包)를 뜻한다.

상공을 뵈온 후에 사사를 믿자오매
졸직한 마음에 병들까 염려이러니
이리마 저리챠 하시니 백년동포 하리이다

상공을 뵌 후로 모든 일을 믿고 의지하며 지내다가 옹졸하지만 올곧은 성격으로 병이 들까 걱정했는데 이렇게 하마 저렇게 하자 자상하게 대하시니 부부가 되어 백 년을 함께 살고자 하나이다.

장기에 비유하여 자신의 연정을 재치 있게 표현했다. 동음이의어를 끌어들여 비유한 어휘 구사가 놀랍다.

매화 「매화 옛등걸에…」

梅花 녯 등걸에 봄졀이 도라 오니
녯 퓌던 柯枝에 퓌염즉도 ᄒ다마는
春雪이 亂紛紛ᄒ니 필동 말동 ᄒ여라

청구영언(진본)·290

등걸 : 해묵은 등걸.
녯 퓌던 : 전에 피었던.
난분분(亂紛紛) : 어지러이 흩날리는 모양.
필동말동 : 필지말지.

매화(梅花)
곡산기. 영·정조 대 생몰 연대 미상.

■ 해설

곡산 기생 매화의 「매화사」이다. 『계서야담』에 홍시유와의 애틋한 사랑 이야기가 전하고 있다.

어느 날 매화는 노모의 편지 한 통을 받았다. 병이 깊어 열흘도 넘기기 어렵다는 것이다. 가서 보니 노모는 멀쩡했다. 곡산 원님 홍시유가 노모를 회유, 거짓으로 편지를 보낸 것이다. 원님 홍시유가 매화에게 단단히 반했던 모양이다.

그녀는 칠십 노령인 황해도 관찰사 어윤겸의 총애 속에 소실이 되어 해주 감영에서 살고 있다.

어윤겸에 대한 죄책감은 저만치, 그녀는 젊은 홍시유를 보자 그만 사랑에 빠져버리고 말았다. 칠십노령 어윤겸과 어찌 비할 수 있으랴. 홍시유와의 꿈 같은 시간을 보내고 그녀는 다시 해주 감영으로 돌아왔다. 자나 깨나 매화는 홍시유 생각뿐이었다.

그녀는 며칠을 누워지냈다. 갑자기 머리를 풀어 헤치고 속옷만 걸친 채 거리를 헤매고 다녔다. 짐짓 미친 체했다. 어윤겸을 떠나 홍시유에게 가기 위한 고육책이었다. 미쳤다고 생각한 어윤겸은 그녀를 고향으로 돌려보냈다.

하늘을 날 것만 같았다. 매화는 곡산에서 다시 홍시유의 품에 안겼다. 그러나 두 사람의 불륜은 오래가지 못했다. 두 달 후 홍시유는 어윤겸으로부터 해주 감영으로 출두하라는 명령을 받았다. 병신옥사의 연류 때문이었다. 홍시유는 참형을 당했고 그의 정실부인도 목을 매어 자살했다. 그녀는 홍시유 내외를 선영에 고이 묻어주었다. 그녀는 시조 한 수를 남기고는 홍시유 무덤 곁에서 스스로 목숨을 끊었다. 이것이 이 「매화사」이다.

> 매화 옛등걸에 춘절이 돌아오니
> 옛 피던 가지에 피엄즉도 하다마는
> 춘설이 난분분하니 필동말등 하여라

매화 옛등걸에 봄철이 찾아왔다. 옛 피던 가지에 필 것도 같더니만 봄눈이 어지러이 흩날리니 필지 말지 모르겠다는 것이다.

어쩌랴. 일이 이렇게 되었으니 옛매화 등걸에 춘설이 난분분하니 꽃이 피겠는가. 어윤겸을 배반하고 젊은 홍시유에게 돌아간 것을 비방하는 이도 있으나 세상 사람들은 그래도 그녀를 '재가열녀'라 불렀다.

『계서야담』은 이를 두고 매화를 '예양(豫讓)과 같은 인물'이라 칭송했다. 예양은 사마천의 『사기』 자객 열전에 수록되어 전하는 의리 있는 협객이다.

구지 「장송으로 배를 무어…」

長松으로 비를 무어 大同江에 흘니 씌여
柳一枝 휘여다가 구지 구지 미야시니
어듸셔 忘怜에 거슨 소헤 들나 ᄒᆞᄂᆞ니

악학습령 · 554

장송(長松) : 크게 자란 소나무.
무어 : 만들어.
흘니 씌여 : 흘러가는 대로 띄워.
유일지(柳一枝) 버드나무 늘어진 한 가지. 여기서는 구지의 애부.
구지구지 : 굳이굳이.
망녕에 거슨 : 망령된 것. 남의 속도 모르고 추근거리는 한량들을 빗댄 것.
소헤 : 沼에.
ᄒᆞᄂᆞ니 : 하느냐.

구지(求之)
생몰 연대 미상. 평양 기녀.

■ 해설

장송으로 배를 무어 대동강에 흘니 띄워
유일지 휘어다가 구지 구지 매었는데
어듸셔 망녕엣 것은 소에 들라 하나니

큰 소나무로 배를 만들어 대동강에 띄워두고 버드나무 가지를 휘어다가 단단히 매어두었는데 어디서 망령된 화상들이 나를 소에 들라고 하느냐.
절묘하다. '구지 구지' 단어는 자신의 이름인 '구지'로, '유일지' 애부는 '버들가지'로 뜻을 중첩시켰다. '휘어다가'의 어휘 선택 또한 기막히다. 배도 튼튼한데 거기에다 유일지를 휘어다 단단히 매었으니 더 이상의 말이 필요 없다.
내겐 유일지라는 서방이 있으니 한량들아, 부질없이 이 명기를 넘보지 말라는 뜻이다. 보통 기생이 아니다.

6부
장시조

「중놈도 사람인양 하여…」

작자 미상

듕놈도 사룸이 냥ᄒ여 자고 가니 그립ᄃ고
즁의 숑낙 나 볘읍고 내쪽도리 즁놈 볘고 즁의 長衫 나 덥
습고 내 치마란 즁놈 덥고 자다가 씨ᄃ르니 둘희 ᄉ랑이
숑낙으로 ᄒ나 쪽도리로 ᄒ나
이튼날 ᄒ던 일 생각ᄒ니 흥글항글 ᄒ여라

청구영언(진본) · 552

듕놈 : 중놈.
사룸이 냥ᄒ여 : 사람인 양하여. 사람인 듯하여.
숑낙(松絡) : 송낙. 소나무 겨우살이로 촘촘히 엮어 만든 중의 모자.
볘읍고 : 베고.
쪽두리(簇頭里) : 족도리. 의식 때 부녀자들이 머리에 쓰는 관(冠).
장삼(長衫) : 검은 베로 만든 길이가 길고 소매가 넓은 중의 웃옷.
흥글항글 : 흥뚱항뚱의 옛말. 마음이 잡히지 않고 들떠있는 모양.

■ 해설

  중놈도 사람인 양하여 자고가니 그립다고
  중의 송낙 나 베고 내 족두리 중놈 베고 중의 장삼 나 덮고 내 치마는 중놈 덮고 자다가 깨달으니 둘의 사랑이 송낙으로 하나 족두리로 하나
  이튿날 하던 일 생각하니 홍글항글 하여라

  중의 모자 송낙은 여인이 베고 여인의 족두리는 중이 베고, 장삼은 여인이 덮고 치마는 중이 덮고 자니 둘의 사랑이 하나가 되었다는 것이다. 이튿날 하던 일을 생각하니 홍뚱항뚱하다는 것이다. 아직도 정신 못 차리고 들떠 있는, 실실 웃고 있는 여인의 모습이 떠오른다.
  송낙과 족두리가 합쳐지면 그것이 사랑이라는 것이다. 사랑에 앞면이 어디 있고 뒷면이 어디 있는가. 대놓고 얘기하지 못할 뿐이다. 신분은 사람이 만들어 낸 것이요 성은 자연이 만들어 낸 것이다. 신비하고도 숭고한 것이 사랑이기도 하다.
  고려가요의 만전춘에는 '얼음 위에 댓잎 자리 펴서 임과 나와 얼어 죽을망정 정든 오늘 밤 더디새고 싶다' 하지 않았는가. '오리야, 연약한 비오리야, 여울은 어디 두고 연못에 자러 오느냐 연못이 얼면 여울도 좋다'고 하지 않았느냐.
  만전춘의 여인과 다를 게 없다. 함께 자는 데 신분 차별이 무슨 문제인가. 중이 사람 취급도 제대로 못 받던 시대에 중과 함께 관계한 어느 아녀자의 솔직한 독백이다.

「두꺼비 파리를 물고…」

작자 미상

두터비 푸리를 물고 두험 우희 치두라 안자
것넌 山 부라보니 白松骨어 써 잇거늘 가슴이 금즉ᄒ여
풀덕 쮜어 내둣다가 두험 아래 쟛바지거고
모쳐라 놀낸 낼식만졍 에헐질 번 ᄒ괘라

청구영언(진본)·520

두터비 : 두꺼비.
두험 : 두엄. 풀 짚 또는 가축의 배설물 따위를 썩힌 거름.
우희 : 위에.
치두라 안자: 치달아 앉아. 뛰어 올라가 앉아.
건넌산(山) : 건넛산. 저 건너에 있는 산.
백송골(白松骨) : 흰 송골매. 해동청 중에서도 가장 강하고 우수한 매. 모든 가집에는 '백송골이'로 되어 있음.
금즉ᄒ여 : 섬뜩해서. 끔찍해서. 뜨끔해서.
풀덕 : 풀떡. 힘을 모아 가볍게 한 번 뛰는 모양.
쟛바지거고 : 자빠졌구나.
모쳐라 : 아차. 감탄사.
낼식만졍 : 나일까망정이지. 나이니까 망정이지.
에헐질 번 : 어혈(瘀血)질 뻔. 타박상으로 피멍들 뻔.
ᄒ괘라 : 하였구나.

■ 해설

　두꺼비 파리를 물고 두엄 위에 치달아 앉아
　건넛산 바라보니 흰 백송골이 떠 있거늘 가슴이 끔찍하여 풀떡 뛰어 내닫다가 두엄 아래 자빠졌구나
　아이쿠 날랜 나였기에 망정이지 피멍들 뻔 하였구나

　두꺼비가 무슨 큰 사냥이나 한 것처럼 겨우 파리 한 마리 잡아 물고 높은 산에라도 오른 듯 의기양양하게 두엄더미 위에 올라앉아 있다. 이게 웬일. 이크. 저 건너 산을 바라보니 하늘에 송골매가 둥실 떠 있다. 가슴이 뜨끔하여 어떨결에 펄떡 피한다는 게 그만 두엄더미 아래로 벌렁 나자빠지고 말았다.
　송골매를 보는 것만으로 무서워 어쩔 줄 모르는 어리석은 두꺼비이다. 몸이 날쌘 나이었기에 그 정도였지 정말 피멍들어 죽을 뻔했다는 것이다. 주제에 변명까지 하고 있으니 어리석기에 앞서 딱하기까지 하다.
　파리를 힘없는 백성으로 두꺼비를 어리석은 탐관오리로 풍자했다. 자신이 얼마나 작고 초라했으면 위기에서 재빨리 빠져 나왔다며 스스로를 칭찬하고 있을까. 가관도 이런 가관 없고 익살도 이런 익살 없다.
　주제에 생살여탈권은 가지고 있어서 백성의 고혈을 빨아먹는 탐관오리의 우쭐대는 꼴은 웃음을 넘어 할 말을 잃는다. 약자에게 강하고 강자에게 약한 세태를 희화적으로 풍자했다.

「귀뚜리 저 귀뚜리…」

작자 미상

귓도리 져 귓도리 에엿부다 져 귓도리
어인 귓도리 지는 둘 새는 밤의 긴 소릐 쟈른 소릐 節節이 슬픈 소릐 제 혼자 우러 녜어 紗窓 여읜 줌을 슬드리도 ᄭᆡ오ᄂᆞᆫ고야
두어라 제 비록 微物이나 無人洞房에 내뜻 알 리ᄂᆞᆫ 저ᄲᅮᆫ인가 ᄒᆞ노라

청구영언(진본)·548

귓도리 : 귀뚜리. 귀뚜라미.
에엿부다 : 가엾다. 불쌍하다.
어인 : 어찌 된.
쟈른 : 짧은.
절절(節節)이 : 마디마디.
우러녜여 : 계속해서 울어.
사창(紗窓) : 비단으로 바른 창.여인의 침실.
여읜 잠 : 여윈 잠. 설핏 든 잠. 선잠. '여읜'은 '마른. 수척한'의 뜻.
살드리도 : 살뜰히도.
제 : 저것이.
무인동방(無人洞房) : 임이 없는 외로운 여인의 방.
알 리ᄂᆞᆫ : 알 이는. 알아 줄 것은.

■ 해설

　귀뚜리 저 귀뚜리 가엾다 저 귀뚜리
　어인 귀뚜리 지는 달 새는 밤에 긴 소리 짧은 소리 마디마디 슬픈 소리 저 혼자 계속 울어 사창 여읜 잠을 살뜰히도 깨우는고야
　두어라 제 비록 미물이나 무인동방에 내 뜻 알아주는 이는 저 뿐인가 하노라

　귀뚜라미, 저 귀뚜라미, 불쌍하구나 저 귀뚜라미야. 어찌된 귀뚜라미인가, 지는 달, 새는 밤에 긴소리 짧은소리, 마디마디 슬픈 소리로 저 혼자 울며 울며, 여인의 방에 설풋 든 잠을 살뜰하게도 깨우는구나. 두어라, 저것이 비록 미물이기는 하나 내 홀로 있는 방에 내 뜻 알아주는 이는 저 귀뚜라미뿐인가 하노라.
　정을 주고 떠난 님은 올 생각도 없다. 사별했을까. 아예 돌아오지 않는 것일까. 막 새벽으로 넘어가는 삼경, 사창의 무인동방에서 애절하게 울고 있는 귀뚜라미 소리를 들으며 몹시도 님을 그리워하고 있다.
　새벽녘에 이르러서야 설풋 잠이 들었으나 이도 귀뚜라미가 잠을 살뜰히도 깨운다. 미물이기는 하나 슬피 우는 저 귀뚜라미가 참으로 불쌍하단다. 귀뚜라미가 나를 달래주는 것인가. 내가 귀뚜라미를 달래주는 것인가. 설핏 든 잠을 깨우다

니 내 뜻을 알아주는 이는 그래도 동병상련, 울어주는 귀뚜라미뿐이란다.

눈물 없인 못 듣는다는 나그네, 새벽까지 못 듣겠다는 버림받은 여인. 애절한 거문고 격앙된 피리 소리도 귀뚜라미 소리보다는 못하다는 두보의 시「촉직」을 연상케 한다.

「나무도 전혀 돌도 없는…」

작자 미상

나모도 바히 돌도 업슨 뫼헤 매게 쏘친 가토릐 안과
大川 바다 한가온대 一千石 시른 비에 노도 일코 닷도 일코 뇽총도 근코 돗대도 것고 치도 싸지고 부름 부러 물결 치고 안개 뒤섯계 ᄌᆞ자진 날에, 갈 길은 千里萬里 나믄듸 四面이 거머어득 져믓 天地寂寞 가치노을 썻ᄂᆞᆫ듸 水賊 만난 都沙工의 안과
엇그제 님 여흰 내 안히야 엇다가 ᄀᆞ을ᄒᆞ리오

청구영언(진본)·572

바히 : 바이. 전혀.
뫼헤 : 산에
매게 쏘친 : 매에 쫓긴
가토릐 안과 : 까투리 마음과. 암꿩. 수컷은 장끼
한가온대 : 한가운데
닷 : 닻.
뇽총 : 용총 줄. 돛을 내리거나 올리려고 돛대에 매어 놓은 줄.
근코 : 끊고, '끊어지고'의 잘못. 기본형은 긏다.
것고 : 꺾어지고.
치 : 키. 배의 방향을 조종하는 장치.
뒤섯계 : 뒤섞여.
ᄌᆞ자진 : 자욱한.
나믄듸 : 남았는데.
거머어득 : 검어 어둑.
져믓 : 저물어.

까치노을 : 폭풍우가 일기 전 저녁 때 서쪽 하늘에 지는 울긋불긋한 노을.
  까치 떼가 날아 오르듯 크게 이는 사나운 파도. 뱃사람들이 이 노을
  을 몹시 무서워 한다고 한다.
썻는듸 : 떴는데. 몰아치는데.
수적(水賊) : 해적.
도사공(都沙工) : 사공의 우두머리. 선장.
여흰 : 여읜.이별한.
ᄀ을 하리요 : 비교하리오. 견주리오.

■ 해설

　나무도 전혀 돌도 없는 산에 매에 쫓긴 까투리 마음과
　대천 바다 한가운데 일천 석 실은 배에, 노도 잃고 닻도 잃고 용총도 끊고 돛대도 꺾어지고 키도 빠지고, 바람 불어 물결치고 안개 뒤섞여 잦아진 날에, 길은 천리만리 남았는데 사면이 거머 어둑 저물어 천지 적막하고 거센 파도 이는데 수적 만난 도사공의 안과
　엊그제 님 여읜 내 마음이야 어디다 견주리오.

　나무도 전혀 돌도 없는 산에 매에게 쫓긴 까투리의 마음과 대천 바다 한가운데 일천 석 실은 배에 노도 잃고, 닻도 잃고 용총도 끊어지고, 돛대도 꺾여지고, 키도 빠지고, 바람 불어 물결치고, 안개 뒤섞여 잦아진 날에 갈 길은 천리만리 남았는데 사면은 검어 어둑어둑하고, 천지는 적막하고, 파도는 사납게 몰아치는데 해적을 만난 선장의 마음과 엊그제 님을 여읜 내 마음이야 어떻게 비교할 수 있으리오.
　설상가상, 사면초가이다.
　임을 잃은 암담한 상황을 까투리와 도사공의 극한 상황과 비교했다. 매에 쫓긴 까투리나 파산 직전의 도사공의 심정보다 임 잃은 심정이 더 참담하다는 것이다.
　초미지급, 진퇴유곡이다. 임 잃은 한 남자의 독백이 이런 것이 아닐까 싶다.

「새악시 시집간 날 밤에…」

작자 미상

시약시 싀집 간 날 밤의 질방그리 디엿슬 ᄯᅳ려 ᄇᆞ리오니
싀어미 이르기를 물나달나 ᄒᆞ눈괴야 시약시 對答ᄒᆞ되 싀어미 아둘놈이 우리집 全羅道 慶尙道로셔 會寧 鍾城 다히를 못 쓰게 ᄯᅳ려 어긔로쳐시니
글노 비겨 보아 냥의 쟝흘가 ᄒᆞ노라

악학습령·987

질방그리 : 질방구리. 질그릇을 말함. 질흙으로 만든 방구리
디엿슬 : 대여섯을
ᄯᅳ려 ᄇᆞ리오니 : 깨뜨려 버리니
물나달나 : 물어 달라고
경상도(慶尙道)로셔 : 경상도로부터. '-로셔'는 '-로부터'의 뜻
회령 종성 다히를 : 회령 종성 쪽을. '다히'는 편 쪽을 말함.
어긔로쳐시니 : 어긋나 그르쳤으니. 잘못하여 일을 그릇되게 하였으니.
글노 : 그런 이유로. 그런 일로.
비겨 보아 : 비교해 보아도.
냥의장(兩呼將) : 양호장. 서로가 빗장을 지름. 여기에서는 '피장파장'의 뜻.

■ 해설

새악시 시집 간 날 밤에 질방그리 대여섯 깨뜨려버리니
　시어미 이르기를 물어달라 하는고야 새악시 대답하되 시어미 아들 놈이 우리집 전라도 경상도로부터 회령종성 쪽을 못 쓰게 뚫어 어긋나 그르쳤으니
　그로 비겨 보아 양호장일까 하노라

　새색시가 시집가던 날 밤에 질그릇 대여섯을 깨었다고 시어머니가 값을 물어달라고 한다. 이에 새색시는 시어머니 아들놈이 우리 집 경상도 전라도로부터 회령종성 땅 쪽 오름을 뚫어 못 쓰게 만들었으니 그런 일로 비겨보아도 피장파장이 아닌가 하고 항변하고 있다.
　'경상도 전라도'는 여체의 유방 부분을 '회령종성 다히'는 여체의 음부를 은유하고 있다. 시어머니 당신의 아들은 나의 육체를 이미 결딴냈으니 하찮은 그릇 몇 개쯤 깨졌다해서 그게 무슨 대수냐는 것이다. 되레 어름을 못 쓰게 만들었다고 되받아치고 있다. 어름은 두 사물의 끝이 맞닿은 자리를 뜻한다. 회령 종성 땅의 맞닿은 자리인 여기서는 여자의 음부를 말하고 있다. 시집 식구들의 고약한 처사에 며느리가 이렇게 이유 있는 항변을 하고 있다.
　얼마나 며느리들이 한이 되었으면 이런 해학과 풍자를 통해서라도 답답한 마음을 풀고 싶어 했을까.

「각시네 옥 같은 가슴을…」

작자미상

각시니 玉 ᄀᆞ튼 가슴을 어이구러 다혀볼고
토綿紬 紫芝 쟉져구리 속에 깁젹삼 안셥히 되되여 쥰득쥭득 대히고지고
잇다감 씁나 붓닐 제 쩌힐 뉘를 모르리라

청구영언(진본) · 480

어이구러 : 어떻게.
다혀볼고 : 대여볼고. 기본형은 '다히다', '대다'의 뜻.
토면주(綿紬) : 툿면주. 토주. 바탕이 두텁고 빛깔이 누른 비단.
자지(紫芝) : 자주빛.
쟉져구리 : 작저고리. 껴입은 겉저고리와 속저고리. 겉저고리, 속저고리, 속적삼 세벌을 겹쳐 입는 것을 저고리 삼작이라 함.
깁젹삼 : 비단으로 만든 적삼. 깁은 명주실로 바탕을 조금 거칠게 짠 비단. 적삼은 저고리 모양의 윗도리로 땀이 배지 않도록 하기 위하여 입는 홑옷.
안셥 : 안섶. 저고리나 두루마기의 안으로 들어간 섶. 섶은 아래쪽에 달린 길쭉한 헝겊.
되되여 : 되어.
쥰득쥭득 : '존득존득'의 옛말.
대히고 지고 : 대고 지고. -지-는 소망형 선행어미.
잇다감 : 가끔
붓닐 제 : 붙어 있을 때.
쩌힐 뉘 : 뗄 줄.
뉘 : 세상. 적. 때.

■ 해설

  각시네 옥 같은 가슴을 어떻게 대어볼까
   토주 자주색 작저고리 속에 깁적삼 안섶이 되어 존득존득 대고지고
   이따금 땀나 붙어있을 때면 뗄 줄 모르리라

  각시네 옥 같은 가슴팍을 어떻게 좀 대어볼 수 없을까. 명주 자줏빛 작저고리 속에 깁적삼 안섶이 되어 쫀득쫀득 대어보고 싶어라. 이따금 땀 나서 붙기만 하면 떨어질 줄을 모르더라.
  남자는 죽도록 어떤 여인을 사랑하고 있는데, 그 여인은 꿈쩍조차 없다. 옥 같은 여인의 가슴을 만져볼 수 없어 차라리 그 여인의 깁적삼 안섶이 되고 싶다고 애를 태우고 있다. 그래야 땀 흘릴 때 그 여인의 가슴과 존득존득 닿을 게 아니냐는 것이다. 깁적삼은 저고리 모양의 윗도리로 땀이 배지 않도록 하기 위하여 입는 홑옷을 말한다. 여기서 존득존득 촉각적 언어가 실감 나게 그려져 있다.

「창 내고자 창을 내고자…」

작자 미상

窓내고쟈 窓을 내고쟈 이내 가슴에 窓내고쟈
고모장지 셰살장지 들장지 열장지 암돌져귀 수돌져귀 비목걸새 크나큰 쟝도리로 쑹닥 바가 이 내 가슴에 窓 내고쟈
잇다감 하 답답홀 제면 여다져 볼까 ᄒ노라

청구영언(진본)·541

이내 : '나의'를 강조하여 이르는 말.
고모장지 : 고미장지. 고미다락으로 들어오는 광선을 막기 위하여 안과 밖에 두꺼운 종이를 바른 장지. 장지문은 방과 방 사이, 방과 마루 사이에 칸을 막아 끼우는 문.
셰살장지 : 세 살장지. 문살이 가는 장지문.
들장지 : 들창문. 들어 올려서 매달아 놓게 된 장지문.
열장지 : 열장지문. 열창문. 여닫을 수 있는 창의 총칭.
암돌져귀 : '암톨쩌귀'의 옛말. 수톨쩌귀의 뾰족한 부분을 끼우도록 구멍이 뚫린 돌쩌귀문. 돌쩌귀는 한옥의 여닫지 문에 다는 두 개의 쇠붙이로 만든 걸개임.
수돌져귀 : '수톨쩌귀'의 옛말. 문짝에 박아서 문설주에 있는 암톨쩌귀에 꽂게 되어있는. 뾰족한 촉이 달린 돌쩌귀
비목 : 고리를 문이나 기둥에 매달거나 고정시키는 쇠. 배목걸쇠는 배목의 걸쇠.
쑹닥박다 : 뚝딱박다.
잇다감 : 이따금.
하 : 너무. 몹시.
여다져 : 여닫아. 열고 닫아.

■ 해설

  창내고자 창을 내고자 이내 가슴에 창내고자
    고모장지 세살장지 들장지 열장지 암톨쩌귀 수톨져귀 배목걸쇠 크나큰 쟝도리로 뚝딱 박아 이 내 가슴에 窓 내고자
  이따금 하 답답할 때면 여닫아 볼까 하노라

  창을 내고 싶다 창을 내고 싶다. 이내 가슴에 창을 내고 싶다. 고모장지, 세살장지, 들장지, 열장지, 암톨쩌귀, 수톨쩌귀, 배목걸새, 크나큰 장도리로 뚝딱 박아 이내 가슴에 창을 내고자. 이따금 하 답답할 때면 여닫아볼까 하노라.
  얼마나 세상살이가 고달팠으면 가슴에 창을 달아 하소연하고 싶다고 했을까. 얼마나 답답했으면 그 많은 창을 달고 싶다고 했을까. 가슴에 창을 낸다는 것은 불가능하나 그렇게 해서라도 답답함을 풀고 싶다는 것이다. 가슴에 창을 달다니 기발한 착상이다. 문학이 아니면 표현할 수 없는 방법들이다.
  짝사랑이었을까 사별이었을까. '암돌져귀 수돌져귀, 백목걸쇠' 등의 사물이나, '뚱닥박다' 등의 행위가 남녀의 그것과 사랑을 은유하고 있다. 지금 그리하고 있지 못하니 얼마나 답답한가.

「저 건너 월앙 바위…」

저자 미상

져 건너 月仰바회 우희 밤즁마치 부헝이 울면
녯사룸 니론 말이 놈의 싀앗 되야 줏믭고 양믜와 百般巧邪
ᄒᆞᄂᆞᆫ 져믄 妾년이 急殺마자 죽ᄂᆞᆫ다 ᄒᆞ데
妾이 對答ᄒᆞ되 안해님겨오셔 망녕된 말 마오 나는 듯ᄌᆞ오
니 家翁을 薄待ᄒᆞ고 妾 새옴 甚히 ᄒᆞ시는 늘근 안히님 몬
져 죽는다데

청구영언(진본 · 564

월앙(月仰)바회 우희 : 월앙 바위 위에. 바위 이름.
밤듕마치 : 밤중쯤. '-마치'는 '-만치'. 조사 체언의 뒤에 붙어, 비교의 대상
과 거의 비슷한 정도임을 나타내는 보조사.
니론 : 이른.
싀앗 : 시앗. 남편의 첩
잣믭고 양믭다 : 얄밉고 얄비워. 아주 얄미워. '잣믭다'는 '아주 얄밉다'의
뜻. '양믭다'는 '얄밉다'.
백반교사(百般巧邪) : 온갖 간사한 꾀로 환심을 사려고 애씀.
져믄 : 젊은.
안해님겨오셔 : 아내님께옵서. 첩이 본처를 부르는 말.
가옹(家翁) : 남편
첩 새옴 : (본처가) 첩을 시기함
몬져 죽는다데 : 먼저 죽는다 하데.

■ 해설

   저 건너 월앙바위 위의 방중쯤에 부헝이 울면
   옛사람 이른 말이 남의 씨앗 되야 얄밉고 얄미워 백반교사하는 젊은 첩년이 급살 맞아 죽는다 하데
   첩이 대답하되 아내님께옵서 망녕된 말씀 마오, 나는 듣자오니 가옹 박대하고 첩 시샘 심히 하시는 늙은 아내님 먼저 죽난다 하데

  저 건너 월앙 바위 위에 밤중 무렵 부엉이 울면 옛사람 이르는 말이 남의 남편의 첩이 되면 몹시 잔밉고도 얄미우며 온갖 간사한 꾀로 환심을 사려고 하는 젊은 첩년은 급살맞아 죽는다더라. 첩이 대답하기를 아내님 망령된 말 마시오. 내 듣자 하니 남편 박대하고 첩 심히 시기하시면 늙은 아내님이 먼저 죽는다더라.
  처와 첩 사이의 갈등이 실감 나게 표현되어 있다. 아내가 있는 남자의 첩이 되면 첩은 급살 맞아 즉는다고 말하니 남편을 박대하고 첩에게 시샘하면 아내가 먼저 죽는다고 첩이 맞받아치고 있다. 장군하니 멍군한다.
  당돌하기 짝이 없는 첩의 대꾸에 본처가 한대 얻어맞은 형국이다. 첩이 본처를 꾸짖는 역설적인 상황이 벌어진 것이다. 첩의 입장을 변호하고 있는 듯 가부장제하에서는 당시 처첩제도는 이렇게 부정할 수 없는 현실이었다.

「님이 온다 하거늘…」

작자미상

님이 오마 ᄒ거눌 져녁밥을 일 지어 먹고
中門나셔 大門 나가 地方 우희 치ᄃ라 안자 以手로 加額
ᄒ고 오ᄂ가 가ᄂ가 건넌 山 ᄇ라보니 거머횟들 셔 잇거눌
져야 님이로다. 보션 버서 품에 품고 신 버서 손에 쥐고 곰
븨님븨 님븨곰븨 쳔방지방 지방쳔방 즌 ᄃ 마른 ᄃ 골희지
말고 워렁충창 건너가셔 情엣 말 ᄒ려ᄒ고 겻눈을 흘긧 보
니 上年七月 열사흔날 골가벅긴 주추리 삼대 슬드리도 날
소겨다
모쳐라 밤일식만졍 힝혀 낫이런들 눔 우일 번ᄒ괘라

청구영언(진본) · 580

일 지어 : 일찍 지어.

지방(地方) : 문지방, 출입문 밑의, 두 문설주 사이에 마루보다 조금 높게 가로로 댄 나무.

치ᄃ라 안자 : 빠르게 나아가 앉아.

이수(以手)로 가액(加額)ᄒ고 : 이마에 손을 얹고

거머횟들 : 검어희뜩. 검은 빛과 흰빛이 뒤섞인 모양

져야 : 저 것이

곰븨님븨 : 엎치락 뒤치락 급히 구는 모양. 엎어지고 자빠지고. 곰븨는 후미(後尾), 님븨는 전두(前頭)의 뜻임.

천방지방(天方地方) : 허둥대는 모양. 너무 급해 어쩔 줄 모르고 날 뛰는 모양. 천방지축.

즌 ᄃ 마른 ᄃ : 진 데 마른 데.

골희지말고 : 가리지 말고

워렁충창 : 급히 와락 내닫는 모양.
정(情)엣말 : 정이 있는 말.
흘귓 : 흘깃.
상년(上年) : 지난 해.
굴가벅긴 : 갉아 벗긴
주추리삼대 : 삼의 줄기.씨를 받느라고 그냥 밭더리에 세워둔 삼대.
술드리도 : 살뜰히도.
소겨다 : 속였다.
모쳐라 : 마침. 공교롭게. 감탄사
밤일식만정 : 밤이기 망정이지
힝혀 : 행여.혹시.
낮이런들 : 낮이런들. 낮이었다면.
놈 우일 번 하괘라 : 남 웃길 뻔하였다.

■ 해설

님이 온다 하거늘 져녁밥을 일찍 지어 먹고

중문나서 대문 나가 문지방 위 치달아 앉아 이마에 손을 얹고 오는가 가는가 건넛산 바라보니 검어횟뜩 서있거늘 저것이 님이로다. 버선 벗어 품에 품고 신벗어 손에 쥐고 곰븨님븨 님븨곰븨 천방지방 지방천방 진 데 마른 데 가리지 말고 워렁충창 건너가서 정 있는 말 하려고 흘깃 곁눈 얼핏 보니 상년 칠월 열사흔 날 갉아 벗긴 주추리 삼대 살뜨리도 날 소겨다

모쳐라 밤이기에 망정이지 행여 낮이런들 남 웃길 번 하도다

님이 온다고 하기에 저녁밥을 일찍 지어 먹고 중문 지나 대문 나가 문지방 위로 뛰어올라 손을 이마에 대고 오는가 가는가 건너편 산 바라보니 검어횟뜩한 것이 서 있기에 저것이 님이로구나. 버선을 벗어 품에 품고 신발을 벗어 손에 쥐고 엎치락뒤치락 허둥지둥 진 데 마른 데를 가리지 않고 후닥닥 건너가서 정겹게 말하려고 곁눈으로 힐끗 보니 작년 칠월 십삼 일에 벗겨 세워 놓은 삼대가 완전히 날 속였구나. 두어라, 밤이기에 망정이지 행여 낮이었으면 남들에게 웃길 뻔하였구나.

해 질 녘이다. 빨리 만나기 위해 진데 마른데 가리지 않고 허둥지둥 달려가는 시골 총각의 모습이 눈에 선하다. 님인 줄 알았으나 삼대였으니 진실이 밝혀지는 순간 화자의 실수에 절로 웃음이 나온다. 어두웠으니 망정이지 낮이었으면 어쩔 뻔했을 것인가.

「밋남진 그놈 자총 벙거지 쓴 놈…」

작자 미상

밋남진 그 놈 紫驄 벙거지 쓴 놈 소디 書房 그 놈은 샷벙거지 쓴 놈 그 놈

밋남진 그 놈 紫驄 벙거지 쓴 놈은 다 뷘 논에 정어이로되 밤中만 샷벙거지 쓴 놈 보면 싈별 본 듯ᄒ여라

청구영언(육당본)·830

밋남진 : 본 서방. 남편
자총(紫總) 벙거지 : 자주빛 말총으로 만든 벙거지. '본서방의 성기'를 상징하고 있다.
소디 서방(書房) : 샛서방. 사이서방. 기둥서방.
샷벙거지 : 삿갓처럼 생긴 벙거지. '기둥서방의 성기'를 상징하고 있다.
정어이 : 허수아비. '정의아비'라고도 한다.
싈별 : 샛별.

■ 해설

   민남진 그 놈 자총 벙거지 쓴 놈 소대서방 그 놈은 삿벙거지 쓴 놈 그 놈
   민남진 그 놈 자총 벙거지 쓴 놈은 다 빈 논에 정어이로되 밤중만 삿벙거지 쓴 놈 보면 샛별 본 듯하여라

본서방 그놈은 자줏빛 벙거지 쓴 놈, 기둥서방 그놈은 삿벙거지 쓴 놈, 자총 벙거지 쓴 본서방은 빈 논의 허수아비로되 한밤중 삿벙거지 쓴 놈을 보면 샛별 본 듯 눈이 번쩍 뜨인다.

본서방의 자총 벙거지는 축 쳐진 빈논의 허수아비에, 기둥서방의 삿벙거지는 번쩍이는 샛별이라는 것이다.

한 여인이 남편과 정부의 그것을 비교, 평하고 있으니 인간의 본능은 어쩔 수가 없나보다.

[참고 문헌]

/ 자료 /

고정옥·김용찬 교주 해설,『교주고장시조선주』,보고사,2005.

『국어국문학자료사전』

『국역국조인물고』

김동욱 역,『수촌만록』, 아세아문화사,2001.

김용찬,『교주병와가곡집』, 월인,2001.

김용호,『청구영언과 가사해의 상·하』, 삼강문화사,1996

김종권 역주, 송정민외 역,『금계필담』, 1985.

김천택 편,『청구영언주해편』, 국립한글박물관, 2017.

『청구영언영인편』, 국립한글박물관, 2017.

『네이버지식백과』

다홀편집실,『한국사연표』, 다홀미디어, 2003.

『동가선』

『동문선』

『두산백과』

박용기·황충기,『고시조주해사전』, 국학자료원,1994.

박을수,『한국시조대사전 상·하』, 아세아문화사,1992.

백태남 편저,『한국사연표』, 다홀미디어, 2013.

성무경 교주,『영언』, 보고사, 2007.

『성옹지소록』

『송도기이』

『송도인물지』

송정민 외 역,『금계필담』, 명문당, 2001.

『숭양기구전』

신웅순, 묵서재,『네이버블로그』, https://blog.naver.com/sukya0517

『역사스페셜』

『연려실기술』

『용재총화』

유몽인, 『어우야담』, 한국문화사, 1996.

유창돈, 『이조어사전』, 연세대학교출판부, 2010.

윤덕진·성무경, 『고금가곡』, 보고사, 2007.

이능화, 『조선해어화사』, 동문선, 1992.

이창희, 『정선조선가곡』, 다운샘, 2002.

장사훈, 『국악대사전』, 세광음악출판사, 1984.

정현섭 편·성무경 역, 『교방가요』, 보고사, 2002.

『조선왕조실록』

『주간한국문학신문』

『율곡전서』

하겸진 저, 기태완·진영미 역, 『동시화』, 아세아문화사, 1995.

『한국민족문화대백과』

황충기, 『장시조』, 국학자료원, 2000.

　　　　『고전주해사전』, 푸른사상, 2005.

　　　　『청구영언』, 푸른사상, 2006.

홍윤표 편, 『악학습령 1·2』, 학지원, 2017.

/ 저서 /

강전섭 편저, 『황진이 연구』, 창학사, 1986.

고전연구회, 『조선의 선비 서재에 들다』, 포럼, 2007.

김권섭, 『선비의 탄생』, 다실초당, 2008.

김영운, 『가곡 연창형식의 역사적 전개양상』, 민속원, 2005.

김용찬, 『조선후기 시조사의 지형과 탐색』, 태학사, 2016.

김종오 편저, 『옛시조감상』, 푸른사상, 2008.

김창원, 『강호시가의 미학적 탐구』, 보고사, 2004.

김하명, 『시조집』, 한국문화사, 1996.

남정희, 『18세기 경화사족의 시조창작과 향유』, 보고사, 2005.

노인숙, 『한국시가연구』, 국학자료원, 2002.

류연석, 『시조 가사』, 역락, 2006.

박규홍, 『시조문학연구』, 형설출판사, 1996.

박을수, 『시화 사랑 그 그리움의 샘』, 아세아 문화사, 1994.

박춘우, 『한국이별시가의 전통』, 역락, 2004.

서원섭·김기현, 『시조강해』, 경북대학교출판부, 1987

신연우, 『시조속의 생활, 생활속의 시조』, 북힐스, 2000.

신웅순, 『문학과 사랑』, 문경출판사, 2005.

　　　　『시조는 역사를 말한다』, 푸른사상, 2012.

　　　　『연모지정』, 푸른사상, 2013.

　　　　『시조로 보는 우리문화』, 푸른사상, 2014.

　　　　『시조로 찾아가는 문화유산』, 푸른사상, 2016.

　　　　『문화유산에 깃든 시조』, 푸른사상, 2021.

　　　　『시조의 문화와 시대정신』, 푸른사상, 2022.

양희철, 『연시조 작품론 일반』, 월인, 2016.

원주용, 『조선시대 한시 읽기』, 한국학술정보, 2010.

이가원, 『이조명인 열전』, 을유문화사, 1965.

이광식 엮음, 『우리 옛시조여행』, 가람기획, 2004.

이근호, 『이야기 왕조사』, 청아출판사, 2005.

이병권, 『조선왕조사』, 평단, 2008.

이상보, 『한국의 명시조』, 범우사, 1995.

이선근, 『대한국사』, 신태양사, 1977.

이종호, 『화담 서경덕』, 일지사, 2004.

이태극, 『덜고더한시조개론』, 반도출판사, 1992.

이태극, 한춘섭, 『고시조해설』, 홍신문화사, 2003.

장덕순, 『이야기 국문학사』, 새문사, 2007.

장사훈, 『시조음악론』, 서울대학교출판부, 2001.

정광호, 『선비』, 눌와, 2003.

정병헌·이지영, 『고전문학의 향기를 찾아서』, 도서출판 돌베개, 1999.

정비석, 『명기열전』, 이우출판사, 1977.

정순육, 『퇴계평전』, 지식산업사, 1987.

정옥자, 『우리선비』, 현암사, 2003.

정종대, 『옛시조와 시인』, 새문사, 2007.

조규익, 『만횡청류의 미학』, 박이정, 2009.

조동일, 『한국문학통사』, 지식산업사, 1983.

조연숙, 『한국 고전 여성 시사』, 국학자료실, 2011.

차용주 역주, 『시화 총림』, 아세아문화사, 2011

차주환 교주, 『시화와 만록』, 『한국고전문학대계19』, 민중서관, 1966.

최범서, 『야사로 보는 조선의 역사 1』, 가람 기획, 2006.

최승범, 『시조에 깃든 우리 얼』, 범우사, 2005.

함화진, 『증보가곡원류』, 민속원, 2002.

허경진, 『한국의 한시 6』, 평민사, 2001.

황충기, 『여항인과 기녀의 시조』, 국학자료원, 1999.

   『장시조연구』, 국학자료원, 2000.

   『기생 일화집』, 푸른사상, 2008.

   『기생시조와 한시』, 푸른사상, 2004.

[찾아보기]

/ 인명 /

강홍립 ⋯ 102
공민왕 ⋯ 30, 31, 32, 39, 42
관우 ⋯ 113, 114
광해군 ⋯ 92, 96, 97, 98, 101, 102, 109, 121, 167, 179
경종 ⋯ 119, 128
권람 ⋯ 56
금성대군 ⋯ 53
길재 ⋯ 32
김경서 ⋯ 102
김굉필 ⋯ 33
김구 ⋯ 60, 74
김덕령 ⋯ 93, 94
김상헌 ⋯ 100
김성기 ⋯ 126, 127, 128
김수장 ⋯ 129, 132, 134, 135, 174
김숙자 ⋯ 33
김육 ⋯ 104, 105
김응하 ⋯ 101, 102
김인후 ⋯ 72, 73, 76
김일손 ⋯ 33
김장생 ⋯ 86, 118
김종서 ⋯ 44, 45, 56
김종직 ⋯ 33, 58
김천택 ⋯ 129, 130, 134
남이 ⋯ 55, 56
넬슨 ⋯ 84

단종 … 44, 45, 49, 52, 53, 54

덕보 … 94

덕홍 … 94

마등고 … 115

맹사성 … 38, 39, 41

문종 … 42, 43, 45

박계숙 … 170, 171, 173

박신 … 146, 147

박엽 … 179, 180

박인로 … 88, 89, 90

박준한 … 175, 176, 177, 178

박지원 … 117

박취문 … 173

박태보 … 123, 124

박팽년 … 46, 47, 48

박효관 … 136, 137, 138, 139

벽계수 … 153, 154, 155, 156

봉림대군 … 118, 121, 122

서경덕 … 63, 65

선조 … 66, 69, 71, 74, 76, 79, 80, 82, 88, 93, 96, 99, 101, 104, 106, 109, 113, 116, 118, 139, 157, 158, 159, 161, 163, 165, 166, 167, 175

성삼문 … 49, 50

성승 … 50

성종 … 47, 57, 58, 60, 63, 66, 149, 150, 151, 152

세조 … 46, 50, 51, 56, 57

세종 … 32, 39, 42, 43, 55

소현세자 … 99, 121, 122

송계연월옹 … 141, 142

송순 … 66, 67

송시열 … 86, 108, 118, 121

신돈 … 30, 31
신흠 … 91, 92
심기원 … 115
안민영 … 136, 138, 139, 140
양사언 … 60, 74, 75
어윤겸 … 183, 184
왕방연 … 52
엄홍도 … 53
예종 … 55, 56, 57
오달제 … 106, 107, 108
오자서 … 113, 114
우탁 … 18, 19
원천석 … 26
유정 … 101, 102
유호인 … 58, 59
윤선도 … 76, 78, 88, 109, 111
윤원형 … 67
윤집 … 106, 107, 108
이달 … 154
이덕형 … 89, 96
이문욱 … 84
이색 … 24, 25, 30, 32
이방원 … 29, 36, 37
이성계 … 22, 23, 25, 28, 29, 36
이세보 … 140
이순신 … 82, 83, 84
이완 … 116, 121
이정보 … 131, 133
이조년 … 20, 21
이존오 … 30

이항복 … 96, 97, 101, 139
이황 … 21, 68, 69, 70, 71, 73, 118
인목대비 … 86, 91, 92, 96, 97
임경업 … 113, 114, 115
임제 … 162, 163
임형수 … 73
자암 … 60, 61
장현광 … 89
정도전 … 36, 37
정래교 … 128
정몽주 … 28, 29, 32
정여립 … 33
정종 … 33, 42
정철 … 68, 76, 77, 78, 88, 109, 148, 164, 165, 166
조광조 … 33, 60, 62
조민수 … 23
조수삼 … 127
조식 … 33, 69
진복창 … 67
중종 … 60, 61, 62, 72, 74, 76, 79, 153, 167
초패왕 … 114
최경창 … 157, 158, 159
최명길 … 99, 100, 106, 107
최영 … 22, 23, 39
태종 … 26, 32, 42, 43, 46, 49, 56,
한호 … 60, 74, 79, 80
홍서봉 … 99, 100
홍시유 … 183, 184
홍익한 … 106, 107
황보인 … 44, 45

황희 … 42, 43
효종 … 104, 109, 116, 117, 118, 119, 121, 122, 123, 129
흥선대원군 … 137

/ 작품 /

「각시네 옥 같은 가슴을…」 / 200
「강호사시가」 / 41
「강호에 가을이 드니…」 / 40
「강호에 겨울이 드니 …」 / 40
「강호에 봄이 드니 …」 / 38, 40
「강호에 여름이 드니…」 / 40
「까마귀 눈비 맞아 …」 / 46
「곳 보고 춤추는…」 / 178
「꽃은 무슨 일로…」 / 110
「꽃이 진다하고…」 / 66
「구름이 무심탄 말이 …」 / 30
「구름 빛이 좋다하나…」 / 110
「귀뚜리 저 귀뚜리…」 / 192
「국화야 너는 어이…」 / 131
「군산을 삭평턴들…」 / 116
「나무도 아닌 것이…」 / 111
「나무도 전혀 돌도 없는…」 / 195
「나온댜 금일이야 …」 / 60
「내 벗이 몇이나 하니…」 / 109
「내 사랑 남주지 말고…」 / 177
「내 언제 무신하여…」 / 64
「냇가에 해오랍아…」 / 91
「근엄한 척하지만…」 / 172
「님이 온다 하거늘…」 / 206

「녹이상제 살찌게 먹여…」 / 22

「님 그린 상사몽이…」 / 136

「님이 헤오시매…」 118

「단심가」 / 29

「닭아 우지마라…」 / 176

「당우도 친히 본 듯…」 / 171

「당우를 어제 본 듯…」 / 149

「대초볼 붉은 골에 …」 / 42

「더우면 꽃 피고…」 / 110

「도산십이곡」 / 70

「도임사수원사작단가」 / 73

「두꺼비 파리를 물고…」 / 190

「마음이 어린 후이니…」 / 63

「매화 옛등걸에…」 / 182

「매화사」 / 183

「묏버들 가려 꺾어…」 / 157

「민남진 그놈 자총 벙거지 쓴 놈…」 / 210

「반중 조홍감이…」 / 88

「발산역 기개새는…」 / 113

「백설이 잦아진 골에…」 / 24

「번방곡」 / 159

「북천(北天)이 맑다커늘…」 / 162

「비록 대장부라도 …」 / 171

「비탄가」 / 100

「삭풍은 나무 끝에 불고…」 / 44

「상공을 뵈온 후에…」 / 179

「상신에게 술 권하는 노래…」 / 150

「새악시 시집간 날 밤에…」 / 198

「선인교 내린 물이…」 / 36

「소시의 다기하여…」 / 141

「솔이 솔이라 하니…」 / 174
「송축가」 / 61
「수양산 내린 물이…」 / 106
「십년 갈은 칼이…」 / 101
「십년을 경영하여…」 / 86
「앞 말은 희롱이라 …」 / 151
「아녀자의 짐짓 농담…」 / 170
「어리고 성긴 매화…」 / 138
「어이 얼어자리…」 / 161
「엊그제 벤 솔이…」 / 72
「오리 짧은 다리…」 / 61
「오백년 도읍지를…」 / 32
「오우가」 / 111
「옥이 옥이라커늘 …」 / 165
「월황혼 기약을 두고…」 / 177
「을사사화가」 / 67
「이런들 어떠하며…」 / 29
「이 몸이 죽어 죽어 …」 / 28
「이 몸이 죽어가서 …」 / 49
「이별하던 날에…」 / 99
「이시렴 부디 갈따 …」 / 57
「이화에 월백하고…」 / 20
「이화우 흩뿌릴 제…」 / 167
「자규시」 / 53,54
「자네 집에 술 익거든…」 / 104
「작은 것이 높이 떠서…」 / 111
「잘 가노라 닫지 말며…」 / 129
「장검을 빠혀들고 …」 / 55
「장송으로 배를 무어…」 / 185
「장진주사」 / 77

「재너머 성권농 집에…」 / 76
「저 건너 월앙바위…」 / 204
「제나라도 큰 나라요…」 / 151
「조홍시가」 / 89
「중놈도 사람인 양 하여…」 / 188
「짚방석 내지마라…」 / 79
「증별1,2」 / 159
「창 내고자 창을 내고자…」 / 202
「천만리 머나먼 길에 …」 / 52
「철령 높은 봉에…」 / 96
「철이 철이라커늘…」 / 164
「청산리 벽계수야…」 / 153
「청산은 어찌하여…」 / 69
「청석령 지나거냐…」 / 121
「초암이 적막한데…」 / 134
「춘산곡」 / 94
「춘산에 눈 녹인 바람…」 / 18
「춘산에 불이 나니…」 / 93
「충의가」 / 50
「탄로가」 / 19
「태산이 높다하되…」 / 74
「하여가」 / 29
「한산섬 달 밝은 밤에…」 / 82
「한송정 달 밝은 밤에…」 / 146
「호기가」 / 23, 45, 56
「홍진을 다 떨치고…」 / 126
「회고가」 / 27, 33, 37
「흉중에 불이 나니…」 / 123
「흥망이 유수하니…」 / 26

국제PEN한국본부
창립70주년기념 시인선 | **01**

한국 고시조 70선

엮은이 신웅순

기획·제작 국제PEN한국본부 pen | 이사장 김용재
International PEN-Korea Center

발행일 2024년 5월 8일
발행처 기획출판오름 Orum Edition
발행인 김태웅
등록번호 동구 제 364-1999-000006호
등록일자 1999년 2월 25일
주소 대전광역시 동구 대전로 815번길 125
전화 042-637-1486
e-mail orumplus@hanmail.net

ISBN _ 979-11-89486-97-6

값 15,000원

· 본 책 내용의 전부 또는 일부를 재사용하려면 반드시 저자의 동의를 얻어야 합니다.
· 지은이와의 협의에 의해 인지는 생략합니다.